小倉一郎

がん「ステージ4」から生まれ変わって

いのちの歳時記

双葉社

がん「ステージ４」から生まれ変わって

いのちの歳時記

小倉早苗
山下初穂

ふたりの妣《はは》に捧ぐ

目次

第二章——告知

第二章――救いの手 69

第四章——奇跡

第五章——生かされて、今思うこと 145

はじめに

あっ！　やっちゃった…………!!

廊下で「何か」に足を取られ、ズドーンッと後ろ向きに倒れ込んだ私は、うめきながら呆然としていました。

「どうしました!?」

「大丈夫ですか小倉さん!!」

慌てたスタッフが駆けつける足音が近づいてきます。

2021年12月10日、午後1時過ぎ。

ロケ先の福島で右足首を骨折しました。

これが、この先に立ちはだかる試練のほんの序幕にすぎないことに、まだ私は気付いていませんでした。

思いがけずがんが見つかり、痛みと闘いながら治療が始まりました。

これまでのことを本にまとめたらと双葉社よりお話をいただき、同社実用出版部・湯口真希編集長の質問にお答えする形でできたのが本書です。

がんにより、多くの親戚、友人、知人を見送ってきました。

以前に比べ治療法も進んでいますが、がんは本当に憎いです。

なぜ私が進行肺がん・ステージ4から生還することができたのか。

闘病のすべてをお伝えすることで、がんに悩み苦しんでおられる方々に、少しでもお役に立てればと願っております。

再発・転移を防ぐための抗がん剤治療はまだ続けておりますが、本書は多くの人々に助けられて過ごしてきた、これまでの私の記録です。

第一章——予兆

始まりはロケ中の「足首骨折」から

コロナも2年目を迎えた21年12月10日。

当時撮影していたのは、2時間ドラマ『さすらい署長風間昭平スペシャル　塩屋岬いわき殺人事件』（テレビ東京）です。

全国各地を渡り歩く特命の警察署長を、北大路欣也さんが貫禄タップリに演じる人気シリーズ。ご存じの方も多いかもしれませんね。

僕の役どころは旅館の主。経営が厳しく、宅配便のドライバーもやりながら必死で生きているという設定です。

前日9日には前乗りしてロケ地に入り、翌10日の午前中からクランクイン。

まず、さすらい署長と、新赴任先であるいわき常磐《じょうばん》警察署でバッタリ出くわすシーンを撮影しました。

地元の方のご協力を得て、いつもは住民票などを発行する市役所の支所が、立派な警察署に大変身。自分の荷物を運び込もうとするヒゲ面のさすらい署長と、配達の段ボール箱を抱えた僕が、玄関先で「おーっとっとっとっと」とぶつかりそうになる場面に続き、午後には、再び署の2階でハチ合わせする光景を撮ることになっていました。

お昼休憩で共演者やスタッフとロケ弁を和やかにいただき、撮影再開に備えてトイレに行こうとしたまさにその時、冒頭のアクシデントが勃発したんです。

「犯人」は、廊下に放置されていた移動撮影用のアルミ製レールでした。

足元に注意を払っていなかった僕は、うっかり枕木に足を取られて転んでしまって。

「ううう………ッ」

右足首を挟まれたまま、灼《や》けつくような激痛に悶絶する姿に現場は騒然となり、午後の撮影再開はストップ。

「誰か、板！　板っ切れ持ってきて!!」

そう叫んだのは、医学部を出ながらも、映像制作に魅せられてこの世界に入ったという異色のスタッフでした。

鮮やかな手さばきで足首に添え木をされ、布でぐるぐる巻きに固定する応急処置を施《ほどこ》された僕は、そのまま別のスタッフが運転する車で近くの病院に担ぎ込まれたのです。

診断結果は、足首骨折。

患部はみるみるうちに紫色に内出血し、象の足のごとく腫れ上がっていきます。

幸い、複雑骨折は免れており、比較的早く骨はくっつくだろうとのことでしたが、ロケはまだ始まったばかり。仮ギプスで固定してもらい、痛み止めの内服薬を処方された僕は、その日は宿泊先の旅館で横になるしかありませんでした。

天井の木目をにらんで、どんなに悔いても、後の祭りです。

しかもオンエアは、あと1ヶ月余り先まで迫った年明け24日。痛み止めを飲んでも動くのさえままならず、とても演技どころではないのに、もはや代役を立てる時間はナシ。

絶体絶命のピンチに、東京から力強い助っ人がやって来ました。

所属事務所の社長であり、俳優経験もある坂本徹《とおる》マネージャー。僕とは40年以上の付き合いになる彼が、スタッフからのSOSを受け、当日夜に急行してくれたのです。

幸い、167センチ・55キロの僕と坂本マネージャーは背格好が似ていることから、翌日から彼が「影武者」を引き受けてくれることに。手負いの僕をカバーするべく、現場一丸となってあらゆる創意工夫が総動員されました。

相手役と立ち話する場面は、スタッフにヨイショと抱え上げられて台座に据えられた僕が、あちらと同じぐらいの高さになって演技することでクリア。台座とギプスが映り込まないよう細心の注意を払ったのは言うまでもありません。

また、会話しながら並んで歩く後ろ姿のシーンでは、急いで衣装を脱いでマネージャーに着替えてもらい、彼の動きに合わせて僕がセリフを当てるという窮余の策を発動。しんしんと冷え込む師走のいわきで、身代わりとなって橋の上から投げ落とされそうになったマネージャーには今も感謝でいっぱいです。

「こんな面白い撮影は初めてだあ」

CG全盛の令和の世とはかけ離れた超アナログなロケに、スタッフは大喜び。おかげさまで、どうにか予定通りクランクアップを果たし、クリスマスイブの前頃、自宅に戻りました。

実は60代の初めに受けた外反母趾《がいはんぼし》の手術の後遺症で、ここ数年は家の中でも杖をついているのですが、そこへ来ての足首骨折。しばらくは、杖は杖でも、松葉杖が頼りです。

トイレまで辿りつくのも一苦労で、妻のままにしびんを買ってきてもらうハメになりました。

やれやれ……。

枕元に陣取った真新しいしびんを見やりつつ、ため息とともに年の瀬は過ぎていきました。

突然、右の背中に激痛が!!

明けて、2022年正月。

新年の挨拶にも初詣にもどこにも出向かず、家でのんびり寝て休むことを俗に「寝正月」と言いますが、僕の場合は完全に「フテ寝正月」でした。

元日は、妻と2人でお節《せち》料理を囲んでささやかな祝宴こそしたけれど、それで精一杯。

なぜか、だるくて仕方がない。骨折した足首だけではなく、体中が痛いんです。

せっかくのお正月なのに、全然メデタクナイ。

何もする気が起きなくて、三が日を過ぎてもフテ寝を決め込んでいました。

仮ギプスのおかげでお風呂にゆっくり入れないし、動くのも難儀するような生活です。

「きっと、体がカチコチに凝り固まってしまってるんだろう。トシもトシだしな」

そんなふうに思って布団をかぶっていましたが、今振り返れば、このあたりから異変は始まっていたのかもしれません。


1月5日、午前9時。

隣町にある整形外科の年明け初診療日、妻のまきも「足が痛い」と訴えていたため、夫婦揃って受診しました。

初恋の人だった彼女とは、いろいろあって一緒になった再婚同士。

もっと正直に言えば、若き日に、僕の浮気が原因で一度は破局。それぞれ出会った相手と結婚したものの離婚し、お互いひとり身だった9年前、ひょんなことから再会して共に人生を歩むようになった仲です。

まきは、前の旦那さんと別れてからも、年老いた実母と病がちだった伯母姉妹、合わせて3人の面倒をたったひとりで見続け、最期を看取った芯の強い女性です。19年にくも膜下出血で倒れた時も気丈に闘病し、克服しました。

そんな我慢強い彼女が「痛い」と漏らすのだから、よほどのことだったのでしょう。

下った診断は、なんと膝《ひざ》のお皿の骨折でした。

ほぼ同時期に夫婦仲良く骨を折るとは……。

一方僕は、やっとこの日、ドクターに仮ギプスから本番ギプスに替えてもらいました。

患部を石膏《せっこう》でガチガチに固めるかと思えば、さにあらず。今のギプスって、特殊な包帯でグルグル巻きにし、その上からチャチャッと水をかければハイ、完成。

「水で固まる成分でできた包帯」という便利なものがあるんですね。初めて知りました。

ともあれ、これで一歩前進です。

週に一度、夫婦で整形外科に通うようになり、翌月立春過ぎにギプスから解放された頃には、ふたりとも順調に治っているのを実感できるまでになりました。

そんな時です。

突然、異変に襲われたのは。


2月7日の明け方。

痛い……！

なんだこの痛みは!?

いまだかつて経験したことのない激痛が右の背中を直撃し、寝ていた僕を容赦《ようしゃ》なく叩き起こしたんです。

たとえるならば、ぶっとい出刃包丁でグサッと刺されてグリグリ回されている感じ。息苦しいほどの痛みに、額《ひたい》から、脇の下から、冷たい脂汗《あぶらあせ》が伝っていきます。

文字通りの苦肉の策で、足首用に処方してもらった痛み止めの貼り薬を妻に貼ってもらいましたが、1週間たっても全然楽になりません。

整形外科のドクターに相談したところ、「寝違えたんじゃないですか？」と言われ、ひとまず様子を見ることにしました。

確かに、足首へ負担をかけないよう、無意識のうちに不自然な体勢で寝ていたせいかもしれない。

だけど、ここまでひどく、しかも長引くことってあるんだろうか？

得体の知れない不安が広がるなか、結局、14日に予定されていた、長年講師を務めている俳句教室は体調が快復せず、中止してもらうことに。背中の痛み止めの貼り薬も残り少なくなり、近所の診療所で急遽処方してもらいました。

効いている実感はあまりなかったけれど、少なくとも何もしないよりはまだマシなような気がしたのです。

目前には、大事な撮影が迫っていました。

脳神経外科で胸部MRI検査

22年5～6月にかけてNHK BSプレミアムにて放送された、松坂慶子さん主演のドラマ『今度生まれたら』。『終わった人』『すぐ死ぬんだから』で知られる内館牧子さんの大人気「老後小説」が原作のドラマに、僕はキーマンのような役でキャスティングされていました。

〈これまで決して不幸ではなかったけれど、本当にこれでよかったのかしら……〉

松坂さん演じる主婦の夏江は、70歳になったのを機に激しく動揺します。そして、社内結婚して長年連れ添ってきたものの、退職後はすっかりケチになった夫・和幸の寝顔を見て、こうつぶやくのです。

「今度生まれたら、この人とは結婚しない」と。

そんな折に再会するのが、僕の演じる元同僚・山賀。かつて同じ社内の園芸部で想いを寄せていた夏江を、エリートコースに乗っていた今の夫にかっさらわれた男です。

ところが半世紀近くたった今、山賀は世界的な造園家になって夏江の前に出現。見違えるほど立派になった彼からの思わぬ申し出に揺れながらも、残された日々をどう生きるのか、真剣に向き合い始める――というストーリー。

夏江と同じく古希を過ぎた僕にとって、身につまされる台本でした。

また、彼女の夫を演じる風間杜夫さんは東映児童演劇研修所の先輩に当たりますし、映画『深夜食堂』など数々の傑作を監督として送り出している演出の松岡錠司さんは、ぜひ一度、お仕事をご一緒したいと願っていた方。

さらにさらに、松坂さんにキッスされるシーンもあるというじゃないですか!!

これはもう、何があってもやらせていただきたいと、お話を頂戴した時から嬉しさいっぱい、気合い十分だったんです。

なのに体調は、坂道を転がるがごとく悪化の一途。背中の痛みは日々、ジワジワと強さを増しているようでした。

よりにもよって、こんな時に……!!

幸い、骨折した右足首のほうは、無理をしなければ問題なさそうです。

絶対に共演者やスタッフの皆さんに迷惑をかけないように最後まで演じ切ろうと、固く誓いました。


2月20日。

午前中の雨も上がった穏やかな早春の昼下がり、僕は撮影初日を迎えました。

場所は都内のレストランで、松坂さん演じる夏江との久しぶりの再会場面。

妻のままに付き添われて現場入りした僕は、傍《はた》から見てもしんどそうだったんでしょう。

スタッフが気を利かせて、すぐに椅子《いす》を用意してくれました。

朗《ほが》らかな松坂さんとの共演は本当に楽しかったけれど、とにかく、どうにも背中が痛い。

ワンカット撮り終わるなり、

「もう、トシなんで……」

タハハと笑いながら、妻以外誰もいない空き部屋に直行して椅子にへたり込み、自宅から持ち込んだ肩用の携帯マッサージ器と腰・背中を揉みほぐす電動クッションを同時に当てて、グッタリ休みました。

演出の松岡さんは、粘りに粘って丁寧に撮る名匠。コロナ禍で重宝された早撮りタイプの監督とは正反対です。

俳優は、映ったものがすべて。

だから、決して体調が悪いせいにはできない。

「小倉さん、出番です」

スタッフの呼び出しが来ると、気力を振り絞ってカメラの前に立ちました。

クランクアップは4月予定。出番はまだまだ残っています。

明日、かかりつけの整形外科ではなく、痛み止めを処方してもらっている近所の診療所でもなく、別のクリニックで診てもらうことを密かに決めていました。


翌21日。

地域の脳神経外科を訪ねました。

この背中の痛みは、単なる寝違えや老化が原因とは、どうしても考えられなくて。

問診が進むにつれ、ドクターの表情がみるみる変わっていくのを目にした僕は、「ああ、当たりか」と悟りました。

「今から胸部MRIを撮りましょう。より詳しく検査してもらえるように、××病院への紹介状を書きます。あちらにはいつ頃、伺えそうですか？」

「ええっと、25日と27日は仕事が入っているので、その後ならば……」

「わかりました。では、早速準備します」

そう応じたドクターは、切迫した声で言い添えました。

「小倉さん。がんの疑いがあります」


その瞬間、それほどの驚きはありませんでした。

実は、ある「予感」があったんです。

不吉な「予感」～肺がんで逝ったいとこ

後ほど改めてお話ししますが、東京・新宿区で生まれた僕は、生後1週間で生母の早苗を亡くし、両親の生まれ故郷である鹿児島県の離島・下甑島《しもこしきじま》で小学1年の夏まで暮らしました。

育ての母は、父の姉である山下初穂。

つまり、伯母が母代わりだったのです。

生みの母方のいとこで5歳年下の憲夫《のりお》とは、東京に移住した育ての母に呼ばれて島を離れてからは、なかなか会えなくなったけれど、帰省すればいつでも大歓迎してくれました。

地元の新鮮な海の幸と思い出話を肴《さかな》に、島特産の芋焼酎をやりながら、大いに盛り上がったものです。

その憲夫が、21年の7月頃、肩の痛みを訴えました。

島には本格的な医療施設がないことから、鹿児島市内の大病院を受診したところ、ステージ4の末期肺がんと判明。既に脳にも転移していました。

そのまま入院すれば、コロナの感染を防ぐために、家族との面会も厳しく制限されます。

憲夫は、島に戻りました。

在宅療養に切り替え、長年慣れ親しんだ我が家で妻や子供に囲まれて過ごすことを選んだのです。

そして、最愛の家族に看取られながら、同年10月に旅立ちました。

末期肺がんと診断されてからわずか3ヶ月で、秋風とともに天に召された憲夫。まだ65歳でした。

あまりにも早すぎます。

最期《さいご》に一目会いたかったけれど、コロナ禍で見舞いもかなわず、無念で仕方ありませんでした。

もうひとり、大切な存在がいます。

父方の曾祖母同士が姉妹だった、遠い親戚である歌手の森進一さん。

僕より4歳年上の森さんもまた、肺がんを経験されています。

9年前、テレビ番組で「タマゴ大の範囲を切除」したことを告白。幸い、術後に取り組んだ呼吸法などの訓練が奏功し、今も日本を代表する大歌手として活躍されていることは誇らしく、喜ばしい限りです。

同じ肺がんでも、森さんは手術を受けて快復されたけれど、残念ながら憲夫は亡くなってしまった。

もしかしたら、僕も？

背中の激痛に悩まされながら、そんな予感が片時も消えることはなかったのです。

だから、ドクターが告げた「がんの疑い」という言葉も、ある程度の覚悟を持って受け止めることができました。

もちろん、「疑い」で終わってくれるに越したことはなかったけれど。

撮影の合間にさらなる検査

脳神経外科を受診してから4日後。

午前中に同クリニックで××病院への紹介状と胸部MRI画像が収められたCDを受け取り、その足で『今度生まれたら』の撮影現場に入りました。

体はつらくとも、集中あるのみ。

どうにか乗り切りました。

翌々日には、映画『火面《ひめん》　嘉吉《かきつ》の箭弓一揆《やきゅういっき》』（23年1月公開）のロケで埼玉・熊谷駅に午前8時半集合。

時は室町時代、仮面姿で悪を成敗する片腕の射手役に狂言師の和泉元彌《いずみもとや》さん、僕は時の関白・二条持基《にじょうもちもと》役です。

京の都を舞台にしたハラハラドキドキの活劇で、セリフを後日録音するアフレコは5月に改めて、という流れでした。

あれこれ忙しくしている間は、心のモヤモヤを忘れられます。

肉体的には厳しかったけれど、精神的にはかえってよかったかもしれません。

熊谷ロケから一夜明けた2月28日。

朝からスッキリ晴れ上がった空の下、僕は××病院へと向かいました。

堂々としたエントランスには威圧感すら漂っています。

事前予約した診療科は呼吸器内科。

外来初診を担当しているドクターに背中の激痛を訴えたところ、やはり脳神経外科の先生と同じようにがんを疑い、すぐに検査に回されました。

採血、レントゲン、心電図、CTと、言われるがままに受けていきます。PET検査だけは院内に設備がなく、別の指定病院で3月2日に受けることになりました。

詳しい原理は難しすぎてよくわからないのですが、簡単に言えば、MRIやCT、レントゲンでは、「がんの有無や形・大きさなど、体自体の構造を確認できる」のに対して、PET検査は「がん病巣の活動状況などを、画像で具体的に掴める」ようなんですね。

これらのデータをすべて組み合わせて総合的に診断することで、より正確に症状を把握することができるんだそうです。

それにしても、ここまでみっちり体をチェックするのは、いったい、いつ以来でしょうか。若い頃、自然気胸で入院した時は、レントゲンぐらいしか検査方法がなかったような——。

健康診断、がん検診には無縁だった日々

恥を忍んで申し上げれば、健康診断は30年ぐらいご無沙汰でした。

クリエイターやタレントのマネジメントや番組制作を行う「オフィス・トゥー・ワン」に在籍していた30代前後には、社の方針もあって定期健診が義務付けられていましたが、所属事務所が変わった後は、ほとんど受けた記憶がありません。

言い訳になってしまうんですけど、受ける意思はあったんです。
ただ、自治体がやっている健康診断は、受診できる医療機関や期間が決まっていること
も多く、受けようと思った日に限って急な撮影が入ってしまったりして。僕たちの仕事、
特にロケは、お天気次第で予定が変わってしまいますから。
結局、今日までズルズル来てしまいました。

子供の頃に小児結核を患《わずら》い、決して丈夫ではなかったわりには、特段、健康に気を配る
タイプでもありませんでした。
前項でも少々触れた通り、23歳の時を皮切りに、自然気胸で肺が4回も破れているにも
かかわらず、ずいぶん長いことタバコを吸っていましたっけ。
初めて覚えたのはハタチの頃。
いただいた役柄上、しょうがなくふかしていたら、いつしか習慣化していました。
21歳で出演した映画『股旅《またたび》』の市川崑監督が、1日5箱のヘビースモーカーでね。ひっ
きりなしに吸ってるのが本当にカッコよかった。なんとなく影響を受けたところもあると
思います。

多い時で、赤いパッケージの『チェリー』を、市川監督と同じく1日5箱、100本以上は吸っていたでしょうか。

余談ですが、『股旅』の撮影中に滞在した長野の旅館で、共演したショーケンこと萩原健一さんに理不尽なケンカを吹っかけられ、ガラスの灰皿で応戦したこともあります。だって、彼のほうが芸能界では後輩なのに、いきなり因縁つけて殴りかかってくるんですよ。俳優は顔が命、腫れ上がったりしたら撮影に障《さわ》る。全力で組み伏せて灰皿を振り上げながら「これでナグルぞ!?」って凄んだら、ショーケン、「ごめん」って降参しました。僕ってオドオドした役が多いから、意外ですか？　フフフ、僕だって、やる時はやるんだから。

4度目の自然気胸発症を機に、45歳でタバコとは縁を切りました。時折、数ヶ月の禁煙は試したこともあったから、わりとスンナリやめられましたね。

それから四半世紀もたって、過去の喫煙歴を亡霊のごとく突き付けられるとは、想像もしていませんでしたが……。

お酒は好きでしたし、強かったですよ。

日本酒ならば1升飲んでも酔わない。ウィスキーや下甑島の芋焼酎もイケるクチ。若い時分は、仲良しの志垣太郎くんと僕が、芸能界「若手酒豪番付」の大関と目されていました。

ドラマ『俺たちの朝』に出演していた頃は、それこそ朝から夕暮れまで鎌倉で撮影でしたから、ロケバスに揺られて東京に戻るとすっかり夜。でも、おとなしく家に帰るワケもなく、共演の勝野洋さんら仲間と渋谷のスナックに繰り出して、とことん飲む。1年間、毎晩です。

次の日の集合は朝6時だったのに一度も遅刻もせずピンピンしてたんだから。僕を含めて若かったんですね、みんな。

西田敏行さんとも、実によく飲みました。

彼、とっても歌がうまくって、サービス精神満点。お店の女の子の名前をすぐに覚えて、〽〇子ちゃんのためなら〜、なんてアドリブで熱唱して喜ばせるんです。とびっきり楽しいお酒だったなあ。

今は外で派手に飲む機会も減って、もっぱら家でチビチビやるぐらいだから、酒量は格段に減っていますが、まあ、好きにやってきたほうでしょうネ。

当然のなりゆきとして、がん検診も、一度もやったことがありません。健康診断ともども、定期的に受けておけばよかったと反省しています。

そうすれば、妻や子供たちを始め、たくさんの方にご迷惑やご心配をおかけすることもなかったな……って。

もちろん、経済的なことも含めて。

なにより、自分が一番苦しいですから。

密かに辞世の句

翌日、弥生《やよい》3月1日。

一風変わった旅番組『猫旅俳句』（BS松竹東急）のガイド役として、東京の下町・谷中《やなか》でロケがありました。

人情溢れる商店街や、名所「夕やけだんだん」で知られる情緒豊かな谷中で、気ままに暮らす猫と触れ合いながら俳句を詠むという趣向です。

僕にとって俳句は人生そのもの。断じて趣味などではありません。俳号の「蒼蛙《そうあ》」は、尊敬する大脚本家・早坂暁《あきら》先生がつけてくださいました。

ふとした日常のつぶやき、感激、発見を句に託して26年。句集は3冊を数えます。NHKの番組で俳句コーナーを担当したり、カルチャースクールで教えたり、「俳人・小倉蒼蛙」の活動に誇りと情熱を持って取り組んできました。

『猫旅俳句』は、願ってもない嬉しいご依頼です。ふたつ返事でお引き受けしました。担当は、『水戸黄門』で知られる映像製作会社C・A・Lの中川裕規《ひろき》プロデューサー。腕も気もいい彼とは、かつて岸谷五朗さん主演のNHK時代劇『ぼんくら』でご一緒して以来の仲です。

例の福島で骨折した撮影現場では俳優担当で入っていて、宿に何度も見舞ってくれたのも中川さんでした。

愛する俳句がテーマの番組出演に張り切る僕でしたが、背中の痛みはいかんともしがたい。

それでも、カメラの前では苦悶を封印して微笑《ほほえ》み、やわらかい日差しに包まれた谷中の街をゆっくり、ゆっくり歩きました。

オンエアで詠んだ句がこちらです。

しゃぼん玉わかれは常にあるんだよ

春らんまん。
可愛い仔猫がたくさん生まれた。
母猫のお乳を飲み、じゃれ合い、元気に育つ仔猫たち。
だが、季節は移り、次々と新しい飼い主にもらわれていく。
1匹去り、2匹去り、やがて母猫だけが残された。
しゃぼん玉も、同じ。
空にたくさん浮かんで、次々に弾《はじ》けて消えていく。
別れは特別なことじゃない。
いつも、そばにある。

「しゃぼん玉」は春の季語。
春は別れの季節というけれど、人生の別れは常に、すぐそばにある。

実は、密かに詠んだ辞世の句でした。

ロケ翌日の3月2日、予定通り指定病院でPET検査を受診。
××病院で検査結果を聞くのは、2日後の3月4日と決まりました。

第二章——告知

いきなりの余命宣告

朝から薄い雲が広がって冷え込んだ3月4日、昼前。

検査結果を聞くために、妻と坂本マネージャーと3人で××病院に向かいました。

診察予約は午後1時半。まだ時間に余裕があります。

途中、「腹が減っては戦《いくさ》はできぬ」とばかりにステーキチェーン店へ立ち寄り、ランチをしました。

今さらジタバタしたって、もう結果は決まっています。

僕は迷わず200グラムのサーロインを注文し、ペロリと平らげました。

ずっと続く背中の痛みには参っていましたが、食欲は衰えていなかった。

既に緊張している2人よりも、僕のほうが元気だったかもしれません。

予約時刻の30分以上前に病院に到着し、受付を済ますと、年季が入った待合室のベンチに3人揃って腰掛けました。

くすんだグレーの壁には、コロナの感染対策を啓発する色褪せたポスター。診察の順番が表示される電光掲示板の整理番号だけが妙に浮き上がって見えます。

どうにも気分が滅入ってイケナイ……。

周囲を見渡せば、僕たちよりずっと長く待っておられる方も大勢いて、中には明らかに具合の悪そうな患者さんの姿も。みんな、あきらめたような表情でうつむいたり、スマホをいじったり、寝ていたりして時をやり過ごしています。

予約をしても長時間待たされるのは大病院の常。

ご多分に漏れず、僕の順番もなかなか巡ってきません。

やっと名前が呼ばれた時は、予約時刻から1時間以上過ぎていました。


「失礼します」

少々緊張しながら扉をノックして診察室に入ると、白衣を羽織ったベテラン風のドクターがパソコンの前に座ってモニターを見つめていました。

「どうぞ」とか「お待たせしました」といった言葉もなく、まったくこちらへ視線を向けてきません。

(あれ？　僕の番でいいんだよな？)

不安を覚えつつ、目の前に置かれた丸椅子におずおずと腰掛けると、医師はモニターに目をやったまま尋ねてきました。

「お名前と生年月日は？」

「小倉一郎、1951年10月29日生まれです」

再び、気まずい沈黙が流れます。

無言でキーボードを打ち込み、カチカチとマウスを動かしていたドクターが、やおら口を開きました。

「がんです。ステージ4の肺がん。このレントゲン画像を見てください」

指さしたモニターには、向かって左側に5センチ超、右側にピンポン玉大の白い影がクッキリと映し出されていました。

そして、こう続けたのです。

「手術も、放射線治療も、抗がん剤も、完治は見込めません」

患者にとっては絶望的な事実を伝える間も一度として僕と目を合わそうともせず、その表情や声からは一切の感情を窺《うかが》い知ることはできません。

手術も、放射線治療も、抗がん剤も、完治は見込めない――。

僕には〝もう、何をやっても無駄〟としか受け取れませんでした。

これまで仕事でたくさんのステージに立ってきたけれど、今まさに、最も絶望的な舞台に立たされているのを、はっきり理解しました。

ステージ4だかステージ5だか知らないが、もう、いい。もう、たくさんだ。

僕は一言だけ応じました。

「わかりました」と。

横の妻を見やると、うつむいて両の手を握りしめ、必死で耐えています。

その時、坂本マネージャーが震える声で質《ただ》しました。

「余命はどれぐらいでしょうか？」

「1年か2年か……そんなところでしょう」

淡々と答えるドクターの声は、遠いところから響いてくるようでした。

もはや助からないのならば

さらにドクターは、

「ご家族に直接、今回の診断結果を伝えたい」

と、言葉を継ぎました。

この場に同席しているまきは僕の妻です。大切な、大事な家族です。なのに、血のつながっている親族にも告知しなければならない規則らしく、一歩も譲りません。

僕には元の妻との間に三女一男の4人の子供がおり、全員既に巣立って孫もいます。

「子供たちには僕が話しますから」と断っても「いや、そういうわけにはいかないから」と聞き入れてくれない。

さらに耳を疑ったのは、「確定診断のために、入院して胸に針を刺して行う『針生検』を受けてもらいます」という言葉です。

正式にがんと診断するために、患部のある肺に針を刺して、病理検査するのだと。

もうレントゲン画像でわかっているのに、なんでわざわざ入院してまで再確認しなきゃいけないんだ？

順番が違うじゃないか？

しかし、「ＮＯ」と言うのも気力・体力が必要です。

僕は、いったんすべてを受け入れることにしました。

いや、「受け入れる」というより「あきらめる」のほうが合っていたかもしれません。

どうせ死ぬんだから、と。

針生検は４日後の３月８日から９日にかけて、１泊２日の入院で行うと決まり、僕たちは重い足取りで診察室を後にしました。


会計まで向かう廊下を、僕たち３人は無言で歩きました。

妻は、杖をつく僕のそばを決して離れようとしません。

ごめん、まきちゃん。

胸の内で、そっと謝りました。

くも膜下出血という大病を乗り越え、実母や伯母姉妹を看取り、ようやく楽になったというのに、今度は夫ががんになるなんて。

それでも僕を気遣って泣き言や気休めを一切口にしないだけに、よけいに申し訳なさが募《つの》ります。

重苦しい沈黙に耐えかね、坂本マネージャーに声をかけました。

「ま、そういうことだから。長い間、お世話になりました」

そして、僕の死後の再放送権料が妻に入るように頼みました。

できるだけ淡々と告げたつもりだけれど、彼は黙ってうなだれるばかり。それ以上、会話が続きません。

初めて会ったのは、彼がまだ明治学院大学の学生だった頃。映画監督を目指していた彼とひょんなことから意気投合し、一晩中飲み明かして以来の仲です。

「師匠と弟子」から「俳優と所属事務所社長兼マネージャー」へと関係性は変化しても、人間としての信頼は40年以上、一度として揺らいだことはありませんでした。

わかれは常に、あるんだよ――。

先日の谷中ロケで詠んだ俳句の一節が脳裏をよぎります。

どうやら、本物の辞世の句になりそうだな。

明日は土曜日。
子供や孫たちの楽しい週末を、衝撃的な知らせで台無しにしたくありません。
きっと、お休みを取る仕事関係者も多いでしょう。
がんのことは、針生検が終わってから伝えよう。
それよりも、長くてあと2年――、
いや、1年と考えたほうがいいだろう。
もはや助からないのならば、残りの人生あと1年を、どう充実させようか。
帰りの電車に揺られながら、様々に思いを巡らせました。

残りの時間をどう生きるか

一度も僕と目を合わせることなく告知したドクターの態度は悲しかったけれど、余命宣告を受けたこと自体に大きなショックはありませんでした。

強がりではなく、本当に思ったんです。

そうか。とうとう自分の番か、って。

僕は生みの母・早苗の顔を、写真でしか知りません。

前章で少々触れましたが、父の結核治療のために故郷・下甑島からともに上京した身重の母は、新宿の病院で僕を出産後に容体が急変。わずか1週間で旅立ちました。

兄2人と姉、3人のきょうだいも早世しています。

僕が生まれる前にいた双子の兄は、幼い頃に揃って船着場から海に落ちて亡くなりました。2歳でした。

だから僕は、三男なのに「一郎」という名前なんです。

2歳上の姉も、高校生の時に脳腫瘍で天に召されました。

病がちだった父は60代でバイクに轢《ひ》かれて逝き、実の子同然の大きな愛で育ててくれた伯母・山下初穂も、今はこの世の人ではありません。

僕の人生は、最初からずっと死がすぐそばにあった。

わかれは常に、あったのです。

大好きな芸能界の先輩たちも、何人かはがんで鬼籍に入られました。

中でも見事な去り際を演じられたのは、ドラマ『部長刑事』等で知られる洒脱な名優・入川保則《いりかわやすのり》さんです。

恋に仕事にめいっぱい人生を楽しんでいた入川さんでしたが、70歳で直腸がんが発覚しました。

でも、そこからが凄かった。

余命半年を宣告されると延命治療をきっぱりと拒否し、遺言ともいうべきエッセイ集の出版に着手。さらに矢継ぎ早に2冊目も世に送り出し、主演映画まで撮ってしまったのだから、もう脱帽です。

残念ながら全国公開まではもたなかったものの、車椅子で試写会を見届け、「もう1回結婚したい」と茶目っ気たっぷりに夢を語りながら、実に立派な最期を迎えられました。みずからの葬儀の手配も完璧だったのは、申すまでもありません。

僕も入川さんみたいに、人生の最期を美しく締めくくりたい。

命を燃やしつくしたい。

そうだ。
すべての俳句教室を閉めて、新たに結社をつくろう。
気の合う仲間たちと俳誌を刊行しよう。
俳人を育て、美しい日本語を残したい。
結社名は、僕の俳号「蒼蛙」を訓読みした「あおがえるの会」でどうだ？
うん、いいじゃないか!!

僕は、余命宣告後の真っ暗な道行に、ほのかな灯火を見出したのです。

もしかしたら「良性」じゃないかと

週末を挟み、翌週3月8日から9日にかけて、針生検のために××病院に入院しました。
1泊2日の4人部屋。相変わらず続く背中の激痛に耐えながらベッドで休んでいると、まだ若手と思《おぼ》しき女医さんが仕切りのカーテンを開けて颯爽《さっそう》と現れました。

明るくて感じのいい方でしたが、健康状態をチェックしながらポロリと漏らした一言に愕然《がくぜん》としました。

「今は抗がん剤でも、いい薬がありますからね〜」

――えっ？　余命宣告までされているのに、今さらなぜ「抗がん剤でも、いい薬がある」なんて言うんだろうか？

不信感が後から後から湧いてきました。


針生検では局部麻酔の上、レントゲン画像で大きく映っていた向かって左側、つまり右肺の患部に針を刺して組織を採取することになっていました。

かつて、自然気胸で破れたところを上手によけてくれるか不安で仕方ありませんでしたが、そこは無事にクリア。

しかし、検査担当の医療スタッフは素人《しろうと》の僕から見ても、あまり手際がいいとは言えませんでした。

「ハイ、息を吸って〜、ハイ、止めて」

ここまではいいんです。

でも、いつまでたっても「吐いて」と言ってくれない。

もう、こちらは窒息寸前。がんじゃなくて、検査で死ぬんじゃないかと思いました。


検査は入院当日に終了。

ベッドで目をつぶっても、眠れません。

数時間前に針を刺された右の胸が、カチコチに固まったように痛くてたまらないのです。

明け方、病棟のどこかの部屋から叫び声が上がりました。

いつか僕も、あんなふうになってしまうんだろうか。

いや、もしかして、針生検をやってみたら、悪性じゃなくて良性の腫瘍だった――なんてこともあるかもしれない。

結果が出るまでは、わからないぞ。


淡い期待はその後、ものの見事に打ち砕かれました。

心に響いた三ツ木清隆くんの激励

翌9日の午前に退院しました。

針生検の結果通知には1週間から10日ほどかかるとのことでしたが、根拠のない期待にすがり続けるわけにもいきません。

僕には、やることがたくさんありました。

4人の子供たちと、限られた仕事関係者・友人たちへの病の報告です。

長女の悠希《ゆうき》を頭に、長男の龍希《たつき》、次女の瑞希《みずき》、三女の彩希《あやき》。

僕の子供たちには、みんな、名前に希望の「希」がついています。

4人がまだ幼かった昭和の終わりから平成の初頭にかけても、子だくさんの部類だったでしょう。僕は、きょうだいが次々と亡くなったこともあって、おおげさではなく、10人ぐらい子供がほしかった。

ひとりぽっちは、寂しいですから。

可愛い子供たちを産み育ててくれた元妻の昌子さんとは、憎み合って別れたわけではありません。

かつて、奥田瑛二さんも在籍していた男性モデルクラブの敏腕マネージャーだった彼女に、家庭という舞台は狭すぎました。

いつしか政界を志《こころざ》すようになった昌子さんを、僕も子供たちも応援したかった。

いわば発展的解消のような形で離婚したこともあり、子供たちを含めて、現在も信頼できる良好な関係を続けており、まきのことも早い段階で紹介ずみです。

子供たちも昌子さんも僕も、それぞれの暮らし、それぞれの人生を歩んでいるけれど、これからも大事な家族であることに変わりはありません。


最初に知らせたのは、小倉家を継いでくれた長男・龍希です。

何回目かのコールで電話に出た龍希に、まるで近況報告でもするかのごとくサラリと伝えました。

お父さん、肺がんのステージ4で、あと1年か2年なんだ、と。

《ええッ……そうなの……!?》

龍希はそのまま絶句しています。

《そういうことだから。人間、早いか遅いかだから。気にするな》

人間、早いか遅いか。そう、遅かれ早かれ、人間は死ぬのです。

そして、頼みごとを2つしました。

《何度も同じ話をするのはつらいから、お姉ちゃんの悠希と妹の瑞希、彩希には龍希から伝えてほしい。あと、お母さんにも。それと、孫たちにはがんのこと、言うなよ》

そう遠くない日に、僕は死ぬ。

上は中学生から下は幼稚園児までの5人の孫たちは、まだ、死を知りません。お葬式にも慣れていないでしょう。

できるだけショックを、悲しみを与えたくなかったのです。

《わかった》

噛みしめるようにつぶやいた龍希に、努《つと》めて明るく声をかけました。

《お父さん、全然平気だから》

薄氷《うすらひ》や吾子《あこ》に告げたる我が病

春とは名ばかりの、底冷えする日でした。

当時撮影の真っ最中だったドラマ『今度生まれたら』のプロデューサーなど、ごく一部の関係者には坂本マネージャーから連絡してもらいました。体調急変の可能性があることを早めに伝えたほうがいいと判断したためです。

また、コロナ禍直前の2019年に結成した中高年アイドルグループ「フォネオリゾーン」のメンバーである江藤潤くん、仲雅美さん、三ツ木清隆くんには、僕みずから知らせました。

みんな古い付き合いの仲良しです。

江藤くんや仲さんが「大丈夫か」「何か力になれることはないか」と、ひたすら心配してくれたのに対して、三ツ木くんだけは反応が違っていました。

「これまで世話になった。ありがとう」と別れの言葉を告げる僕に、こう返したんです。

「そんなに淡々と言わないでよ。少しはジタバタしなよ」

思わずハッとさせられました。

このままあきらめていいのか？

本当に、それで後悔しないと言い切れるのか？

とっくに生きるのをあきらめたはずなのに、心の底から「ＹＥＳ」と言えない自分に戸惑いました。


三ツ木くんの激励は、後に、僕の闘病を支えるものとなっていったのです。

命がけの極寒ナイトロケ

針生検から10日ほどたった3月19日、改めて肺がんの確定診断を受けました。

保険診療による遺伝子検査の対象となり、そちらの結果がわかるのは、早くとも4月になってから……ということだったと思います。

正直な話、診察室でドクターに何を言われたのか、あまり覚えていないのです。

初めて顔を合わせた時に、いきなり余命宣告されたわけですから、聞く気も起きませんでした。

背中の痛み止めとしてロキソニンを処方してもらっていたものの、食欲もみるみる減退。そうめんぐらいしか喉《のど》を通らず、「薬」という文字を見ても、「〃楽〃という字が入っているのに全然楽にならないじゃないか」と心傷つく毎日でした。

24日には撮影が入っていたこともあり、子供たちが同席した上での再告知は月末の31日と決定。余命宣告を受けてから、1ヶ月近くたってのタイミングです。

ただ、しっかり者の長女・悠希は、ネットや本で肺がんについて猛然と調べ、着々と再告知に向けて準備を重ねていたようです。

それにしても、24日のロケはしんどかったです。

『今度生まれたら』のナイトシーン。鉄橋で松坂さんにキッスを求めてあっさり断られる場面を撮影したのですが、身を切る風とはまさにこのこと、寒いのなんのって。

「カット」の声がかかると、すぐに毛布をかけてもらいましたが、震えが止まらない。

そんな僕を、ずっと密着カメラが追っていました。

実は、『猫旅俳句』等でお世話になっている中川プロデューサーに「僕が死ぬまでを撮ってくれ」とドキュメンタリーの撮影を頼んだところ、快諾してくれたのです。事情を知るドラマ関係者から密かに病のことを聞いていた松岡監督は、「ここ、ここから撮るといいぞ！」と中川プロデューサーに積極的に声をかけ、応援してくれました。極寒の中で、心だけは温かくなりました。

3月27日には、北鎌倉の浄智寺《じょうちじ》にて結社「あおがえるの会」創立を宣言。事実上の結成準備句会を敢行しました。

集まってくれたのは、長く一緒に腕を磨いてきた句友や仕事仲間でもある脚本家、映像関係者たち。もちろん、ここにもカメラを携えた中川プロデューサーの姿が。

主宰は僕、小倉蒼蛙です。

「がんになったけど、めげないで結社をつくります」

突然の告白に結社の面々はどよめきましたが、それも一瞬のこと。みんな、極めて自然に受け入れてくれました。

そして、この機会に、ご本名で参加されている方々に、俳人としての名前である「俳号」を差し上げました。

たとえば中川プロデューサーには、僕の俳号「蒼蛙」から一文字を取って「蒼山《そうざん》」。蒼い山――僕が持っている、まっすぐで若々しい彼のイメージです。

他の方たちにも、それぞれの印象や美点を盛り込み、真心込めて俳号をお贈りしました。

あおがえる一歩を何処《どこ》へ向けやうか

残り1年。

そう覚悟した僕は、ついに行動に移したのです。

愛娘の決断で「転院」へ

そして迎えた3月31日。

悠希と瑞希、2人の娘とともに、僕は再告知の場に臨みました。

3人で診察室に入っても、ドクターはいつも通り、チラリとも視線を向けてきません。

「お体の具合はどうですか？」なんて言葉もありません。

もう慣れっこです。

初めて告知した時と寸分違わぬ動きでモニターを眺めたまま、「肺がん、ステージ4……」と話し出す医者の目の前に、姉の悠希が何かをポンと置きました。

ＩＣレコーダーだ！

「な、何ですか」

驚きの色を浮かべたドクターに、悠希が鋭く切り返します。

「私どもは医学知識がないものですから、念のために録音させてください」

さらに、事前にみっちり準備してきた質問リストを基に、現在のがんの状況について詳しい聞き取りを開始しました。

ドクターと悠希の間で、専門的な医療用語が飛び交います。

「わかりました」

一通りの説明を聞き終えた悠希が凛《りん》として放った次の言葉に、今度は僕が仰天する番でした。

「父は、がん専門の病院で診てもらうことにしますので、どこか紹介してくれませんか？」

「……それは、セカンドオピニオンということでしょうか？」

思案しつつ尋ねたドクターに、悠希はキッパリ告げたのです。

「いいえ。病院を変えるということです」

事前に彼女からの相談はなかったし、転院など思いもよらぬことだったけれど、僕は全面的に従うことにしました。

三ツ木くんの「少しはジタバタしなよ」という言葉も後押ししてくれたのかもしれません。

ドクターが挙げた病院は、東京都江東区の「がん研有明《ありあけ》病院」と、横浜市旭区の「神奈川県立がんセンター」の2施設でした。

自宅から通いやすいのは、後者のほうです。

がんセンターへの紹介状と各種検査等の情報共有を約束したドクターは、最後に、

「有名人や芸能人みたいな人は、ここでは治療しないで、もっと名の知れた病院に行きますよね」

僕たちに、そう言いました。

悠希は診察室に入った瞬間に、転院を決めたそうです。

「あのお医者さん、私たちのほうをまったく見なかったでしょ？　ずーっとモニターに目を向けていた。許せなかったの、私」

娘2人は迅速に転院手続きを進め、その日のうちに県立がんセンターにアクセス。初診は4月8日と決まりました。

〝最後の家族旅行〟で御神木に生を頼む

転院決定から2日後の4月2日。

4人の子供たちとその家族、僕たち夫婦、そして元妻の昌子さんは1泊2日で熱海を旅しました。

三世代総勢15人、桜は満開。賑やかです。

中川プロデューサーもハンディカメラを片手に同行するなか、久しぶりのファミリー全員集合に大はしゃぎで喜ぶ孫たちは、誰も知りませんでした。

これが「おじいちゃん」との、最後の家族旅行となるかもしれないことに。


初日の午後。

熱海屈指の観光名所・來宮《きのみや》神社を参拝しました。

境内《けいだい》を元気に走り回る孫たちの背中を追い、杖をついて歩を進めます。

春風に微《かす》かに交じるのは、潮の匂いか、若葉の匂いか。

みんなとの永いお別れになるかもしれない旅です。

過ぎゆく1分1秒をいとおしむように本殿の奥へとゆっくり歩んでいくと、巨大な楠《くすのき》が姿を現しました。

樹齢2100年以上、幹まわりは23・9メートルにも及ぶ御神木《ごしんぼく》「大楠《おおくす》」です。

眼前に聳《そび》える大楠は、命そのものでした。

「さあ、みんなで御神木を回ろう」

龍希が声をかけます。

この大楠を1周回ると、寿命が1年延びる――そんな伝説があるのだと。

だから、來宮神社に立ち寄ってくれたのか。

僕は胸を熱くしながら、愛する家族と輪になって幹の周りを回りました。

神様。

1年なんて贅沢なことは言いません。

願わくば、1日でも長く、みんなと一緒にこの世にいさせてください。

御神木廻りて生を頼む春

夕方に旅館に入り、お題を「春」とした家族句会の後、宴会に。

お別れムードのような湿っぽさもなく、いつもと変わらず和気あいあいと盛り上がりました。

食欲がなくて、新鮮な地魚の刺身や天ぷらもほとんど手をつけられず、婿殿《むこどの》や龍希らと酒を酌み交わすばかりだったけれど、楽しかった。

お別れのつもりだったのに、かえってお別れしたくなくなりました。

生きたい、と思いました。

しかし、この時期あたりから、僕は自分自身がおかしな行動を取っていることに、うすうす感づいていました。

夜、床に就く前。

ふと気付くと、もう使っていないガラケーを手に、せっせとメールを打ち込んでいる。

誰に向かって、何を伝えたくてキーを押しているのかまったくわからぬまま、はたと我に返って恐ろしくなる。

手の中に「ある」はずのガラケーは、どこにも「ない」。僕は、ガラケーの幻覚に向かってメールを打ち込んでいたのです。

そんなことが3回ほどありました。

ドラマ『今度生まれたら』のクランクアップは目の前。

絶対に、ここで倒れるわけにはいきませんでした。

ドラマ『今度生まれたら』が遺作に……？

4月5日に迎えた『今度――』の最終撮影には、命がけで挑みました。

世界的造園家として植物園でアナウンサーにインタビューを受ける場面に続き、いよいよヒロインの松坂慶子さんから頬にキッスされるシーンが控えています。

これが正真正銘のラスト。しかも、古希を過ぎての「ラブシーン」など滅多にあることではない上に、お相手は天下の美女・松坂さんです。

エキストラとして参加した妻のまきに見守られつつ、憧れ続けた女性にチュッとされる瞬間のときめきを目いっぱい表現。

「カット!!　お疲れさまでしたーッ」

演出の松岡監督のOKに、嬉しさいっぱいで文句を垂れます。

「ちょっとぉー、チュッチュされるシーンが短いんじゃないのぉ!?」

周囲が爆笑に包まれるなか、その実、僕はフラフラでした。

あの松坂さんからキッスをされて舞い上がっていたのもある、とは思います。ただ、それだけが原因ではないのは、残念ながらもはや明白でした。

ずっと雲の上を歩いているような、足元がフワフワした感じ。めまいも尋常じゃなくひどい。そのまま意識が飛んで死んじゃっても不思議はない気がしました。

僕の肺がんは、体のどこに転移してもおかしくないステージ4です。

このふらつきが何を意味しているのか、考えるのすら恐ろしかった。

当日、現場で松坂さん、まきと3人で撮った記念写真を見ると、ゲッソリ痩せています。クランクアップ後に花束を渡してくれた松岡監督の目が、別れを惜しむかのように潤んでいたのを、僕は見逃しませんでした。

まるで何かの因縁のようなタイトルのドラマ『今度生まれたら』は5月からの放送予定でした。次女の瑞希は、友人や知人に「父の遺作になるかもしれないから、ぜひ見て」と頼んでいたそうです。

しかし、運命はまたしても意外な方向へと動き出していきました。

第二章——救いの手

神奈川県立がんセンターに転院

相鉄線・二俣川《ふたまたがわ》駅からバスに揺られること5分余り。

停留所の目と鼻の先に聳え立つ、巨大な2棟の威容《いよう》におののきました。

ほぼ要塞《ようさい》と呼びたいほどのスケールです。

病院棟と並んだもう1棟の外壁には、「重粒子線治療棟《じゅうりゅうしせん》」と掲げられていました。

重粒子線。詳しい原理はよくわからないけれど、がんを退治するのに非常に効力があると聞いたことはあります。

国内でも、ごく限られたトップクラスの医療施設でしか行えないという凄い治療が、ここならば受けられるのか。

4月8日、午前10時。

妻のまきと長女の悠希、次女の瑞希に付き添ってもらい、初めて訪れた神奈川県立がんセンターは、まさに、がんと闘う最先端の砦《とりで》でした。

身を固くして病院棟のエントランスを潜《くぐ》った途端、緊張はいい意味で裏切られました。なんだ、ホテルのロビーみたいじゃないか。

開放感のある高い天井に、パステルカラーの内装。大きくとられたガラス窓からは柔らかな光が降り注ぎ、ほのぼのと明るい空気が流れています。

ほのかに漂う香ばしい匂いにつられて右側を見ると、焼き立てパンが並ぶ可愛らしいカフェがありました。

メロンパンにクリームパン、サンドイッチ。アップルパイも美味《おい》しそうです。

コーヒー片手に談笑しているのは、患者さんと、そのご家族でしょうか。

このシーンだけを見れば、街のベーカリーカフェとほぼ変わりません。誰も病院、それも日本トップクラスのがん専門病院内の光景とは信じないでしょう。

会計フロアに用意されている椅子も洒落《しやれ》ていて、どこもかしこもピカピカ。建物自体、まだ新しいようです。

付き添いの瑞希も同じ思いだったようで、受付を済ませて2階の呼吸器内科・外来診察室へと向かう途中のエスカレーターで、ボソッとつぶやきました。

「お父さん。××病院より、こっちのほうがキレイだね」

想像以上に立派で明るく快適ながんセンターに、僕の気持ちは少しだけ上向きました。

しかし、初診の時間が近づくにつれて、再び緊張が込み上げます。

また、余命宣告したドクターみたいな先生だったらヤダなあ。

隣に座ったままきも、言葉には出さずとも不安そうでした。

でも、僕たちの心配は杞憂《きゆう》だったのです。

主治医・牛尾良太先生との出会い

待合スペース前の電光掲示板に、僕の受付番号が表示されました。

こわごわとノックし、4人で診察室に入ります。

「お待たせして申し訳ありませんでした。どうぞこちらにお座りください」

快活な声とともに迎えてくれたのは、白衣が似合うハツラツとした先生でした。

僕の子供たちと同じぐらいのご年齢でしょうか、「青年」という形容がぴったりのドクターは、にこやかに笑いかけてくれたのです。

余命宣告を下した医師は、最初から最後までずっとモニターを眺めたままでした。予約時間を大幅に過ぎていても、多忙ゆえか、気遣う言葉などなかった。

こちらの先生は、きっと同じようにお忙しいんだろうに、ちゃんと僕を見てくれる。

「お待たせして申し訳ありませんでした」と気遣ってくださる。

これだけで胸が熱くなりました。

ここ1ヶ月余りの間、心の中で凍りついていた何かが、ちょっとずつ溶けていくのを感じたのです。

改めて僕の名前等を確認した先生は、

「担当の牛尾良太と申します」

と名乗り、言葉を継ぎました。

「小倉さん。現在、お体はいかがですか？」

「はい、相変わらず背中が痛いのと、あと、めまいもひどくって」

牛尾先生は、ふんふんと頷《うなず》きながらじっくり話を聞いてくれます。

先生の温かさに包まれて、いつしか緊張もどこかへ消えていました。

僕の気持ちがほぐれたのを見てとったのか、先生は本題に入りました。

「改めて、小倉さんの診断結果をお伝えしたいのですが――」

パソコンのモニターに映し出されたのは、前の病院でも示されたレントゲン画像、そしてPET検査の画像でした。

そう言えば、××病院で最初に告知された時は、PET検査の画像は見せられなかったな……とぼんやり思い出します。

PET画像では、がんが活発に活動しているところは赤く表示されます。向かって左側、つまり右肺上あたりには直径5センチほどの真っ赤な塊《かたまり》。さらに、左肺のやや下部分にピンポン玉ほどの、胸部中央寄りにもおはじきぐらいの赤い塊などが確認できました。

レントゲン画像の白い影よりも生々しく鮮明で、背筋に冷たいものが走ります。

牛尾先生は、きっぱりとした口調で告げました。

「正式な病名は、右上葉《じょうよう》非小細胞肺がん。右上の肺を原発とした、がんのステージ4で、胸骨と肋骨《ろっこつ》、リンパ節にも転移が見られます。この段階ですと、手術や放射線治療、抗がん剤などで根治することはできません」

やっぱり、もうダメなんだなと思いかけましたが、牛尾先生の言葉には続きがあったのです。

「ただし、根治はできずとも、少しでもがんを小さくしたり、進行スピードを遅らせたり、新たな転移を防ぐために、やれることはあります」

「本当ですか!?」

思わず身を乗り出した僕たち4人に、先生はにっこりと頷きました。

〝根治することはできない＝何をやっても無駄〟ではなかったのです。

やれることは、すべてやる

牛尾先生は「ステージ4では手術や放射線治療よりも、抗がん剤による化学療法が主な選択肢となります」と前置きした上で説明を始めました。

まず、肺がんに対する抗がん剤には、

・従来、いわゆる〝抗がん剤〟として使われてきた「細胞障害性抗がん剤」

に加えて、

・がん細胞を攻撃する免疫の力を活性化させる「免疫チェックポイント阻害薬」
・がんに関わる特定の遺伝子をターゲットに攻撃する「分子標的薬」

といった薬があること。

また、ターゲットになる遺伝子変異があった場合、基本的には分子標的薬による治療が優先されること。

というのも、従来の抗がん剤では、がん細胞だけでなく、正常な細胞も傷つけてしまうリスクがあるのに対して、分子標的薬は、悪さをする特定の遺伝子だけに作用するそうなのです。

先生の手元には、前の病院で受けた遺伝子検査の結果も届いていました。

僕の場合は、「ＫＲＡＳ　Ｇ12Ｃ遺伝子変異」。

まるで何かの暗号みたいですが、驚くなかれ、このタイプの遺伝子変異は、喫煙歴のある男性に多い傾向があるとのこと。

四半世紀も前にタバコとは縁切りしたはずなのに、遺伝子にはキッチリ刻まれてしまうんですね。怖いなあ。

「実は、小倉さんと同じ遺伝子変異タイプを狙い撃ちする新しい分子標的薬・ソトラシブが、今年1月に承認されました。新薬なので、2番目の抗がん剤治療からでしか使えませんが、治験に参加していただければ、初回から使うことも可能です」

治験……!?

思いもよらぬ展開にビックリです。

なんでも治験には2種類あるそうで、ひとつは製薬会社などの企業から依頼を受けた医療機関が行う「企業治験」。もうひとつは、ドクターみずからが計画を立てて行う「医師主導治験」。

先生がおっしゃる「治験」は後者にあたり、新薬と従来の薬との併用による効果等を確認したりするとのことでした。

一度は余命宣告された肺がんステージ4の僕に「やれること」があるばかりか、もしかしたら世の中のお役に立てるかもしれないなんて!!

これぞ、最新のがん治療を研究し、日夜アップデートし続ける専門病院の強みなのかと圧倒されます。

最終的に牛尾先生は、

・従来の抗がん剤と、免疫療法を組み合わせた標準治療2つ

・従来の抗がん剤と、新しい分子標的薬ソトラシブを併用した際の効果等を確認する治験参加型の治療1つ

合わせて3つの選択肢を挙げてくださいました。

【標準治療】

①カルボプラチン（従来の抗がん剤）＋ペメトレキセド（前同）＋ペムブロリズマブ（免疫チェックポイント阻害薬）

②カルボプラチン＋ペメトレキセド＋ニボルマブ（免疫チェックポイント阻害薬）＋イピリムマブ（前同）

【治験参加による治療】

①カルボプラチン＋ペメトレキセド＋ソトラシブ（治験の分子標的薬）

なんだか舌を嚙みそうなカタカナばっかりで、とても覚えられナイ……！

先生は、より詳しく説明を続けました。

「化学療法は、すべての方に100％効き目があるわけではありません。薬剤が体に合わなくて効かない患者さんもいますし、どの薬も吐き気、だるさ、免疫力低下、脱毛、皮膚トラブルといった様々な副作用があります」

それは、点滴等による投与後、どのぐらいのタイミングで、何日間ほど現れることが多いのか。具体例を示し、さらに言葉を重ねます。

「もちろん、副作用は絶対に出るということではなく、中には出ない方もいます。イヤになったら、つらくなったら、その治療やお薬はいつでもやめていいんです。別の治療法を検討しましょう」

僕は案外、副作用については、さほど気になりませんでした。

髪の毛が抜けたら抜けたで、役の幅を広げられるかもしれない。

これを機会にカツラをつくって、いざとなったら監督やプロデューサーの前でパカッと取ってみせるのはどうだ？

つるっぱげのピカピカ頭を見せつけて、「ホラ、お坊さんとかいつでもできますよ」ってアピールするのもワルクナイじゃないか。


「小倉さん。やれることは、すべてやりましょう」

そうおっしゃってくださる牛尾先生を、僕は信じることに決めました。

化学療法が本当に効くかはわからないけれど、まだやれることが残っていると思うと、嬉しかった。

まさに、地獄に仏でした。


とはいえ、どんな治療法を選択するか、今日聞いて判断するのはさすがに難しいです。

いったん持ち帰って、後日、改めて先生にご相談することにしました。

ステージ4で先に放射線治療をした理由

そのお言葉通り、牛尾先生は、標準治療はもちろん、あらゆる「やれること」を提示してくださいました。

ひとつは先ほどの治験。

もうひとつは、放射線治療です。

僕は早い段階から治験に同意しましたが、治験治療が開始できるまでの準備期間（スクリーニング期間）は、1ヶ月近く見込まれていました。

また当時、腎機能の低下もあって、仮に治験申請が通ったとしても、すぐに開始できる状態ではなかったようです。

しかし、背中右側の激痛は限界を迎えつつありました。

そこで牛尾先生は、少しでもがんが縮小し、痛みを和らげる手段として、放射線治療を提案してくださったのです。

通常、ステージ4の肺がんでは、根治が期待できない放射線治療は行わないケースが多いとのことですが、こういった「緩和照射」という方法もあるんですね。

偶然ながら、〝放射線治療後の治験参加はできない〟とされていた従来の規制がなくなった時期とも重なっていたと、後で聞きました。

まずはこの緩和照射を行ってから、改めて治験治療開始を検討する。今後は主治医の牛尾先生を中心に、放射線科医や麻酔科医、薬剤師さんたちがチームとなって連携し、包括的な医療をすると伺い、頼もしい限りでした。

前の病院では1ヶ月近く宙ぶらりんだった治療方針が、がんセンターでは迅速に決定したのです。

にこやかなだけでなく、厳しいことも事前にきちんと伝えてくれる牛尾先生の姿に、かつて映画『ヒポクラテスたち』で僕が演じた医大生役を思い出しました。


もう、40年以上前の作品です。

当時、ドクターと言えば、白衣に聴診器を下げているのが定番でした。今ではあまり見かけませんよね。

僕は、医大の最終学年である6回生で、主演の古尾谷雅人くんたちと臨床実習に励む医者の卵という設定だったんですが、ひとりだけ全然それっぽくナイ。世間の皆さんが抱く威厳に満ちた「お医者様」のイメージと違って、うんと気が弱そうだし、エリートっぽさもゼロ。実習中、おむつを外した幼子《おさなご》にいきなりおしっこされちゃって、僕の口に入ってしまうトホホなシーンもありましたっけ。

だけど、悩みながらも、懸命に患者さんひとりひとりに向き合っていた。

ご自身も医学部出身だった大森一樹《かずき》監督に、「なぜ僕を起用したんですか？」と尋ねたら、こんなふうな答えが返ってきました。

「小倉ちゃんは、オレの分身なんだよ」って。

在学中から映画づくりに傾倒していた大森監督は、確かに「医者らしくない」医大生だったことでしょう。

いい意味で、玄人《くろうと》っぽく見えないことが監督の狙いどころだった。

もっと言えば、「自分の弱さを知り、他人を思いやれる医者」こそが「いい医者」ではないかと考えておられたような気がします。

僕が演じたドクターは、とびっきりの「いい医者」だったことに、改めて気付かされました。

医療用麻薬で「痛みまったくなし！」。でも……

申すまでもなく放射線治療には被ばくのリスクがあり、健康な細胞まで傷つけないよう、入念に準備する必要があります。

転院初日から2週間は、がんの進行具合や照射部位を見極めるべく、がんセンターや提携病院で骨への転移を調べたり、肺と胸部のMRI、CTを撮影したりといった緻密《ちみつ》な事前検査が続きました。

病を得た今は、ドラマの撮影ではなく、患部の撮影が最優先です。

しかし、治療には「先立つもの」もまた、必要です。

転院してちょうど1週間後の4月15日より、1泊2日で山梨に出向きました。

長年務めさせていただいている、企業経営者との対談の仕事です。

コロナ禍も収まりを見せ始めてきたため、久しぶりに実現しました。

正直、経済的にとっても助かりましたね。

担当編集者や対談した経営者の方には「ちょっとお痩せになったのでは？」と心配されましたが、「胃潰瘍《いかいよう》をやっちゃって」とごまかしました。

食欲はなかったんですけど、僕、その時はけっこう元気だったんですよ。

と言うのも、背中の激痛で皆さんにご迷惑をかけないように、もしもの時に持参した医療用麻薬の頓服《とんぷく》「オキノーム」を飲んでみたら、15分〜30分ほどでよく効いてくれて。

それまでは「麻薬」とつくものを口に入れるのに抵抗があったし、いくらドクターや薬剤師さんから「指示通りに飲んでいれば、依存症にはなりません」と説明を受けても、やっぱり怖かったんです。

でも、牛尾先生に重ねて「痛い時には我慢しないで飲んでください」と言われていたこともあって、背に腹はかえられぬ――いや「背の痛みにはかえられぬ」とばかりに服用してみたんです。

驚きましたね！　まーったく、痛くならないの!!

それを機に、仕事などで必要な時には飲むようになりました。

当時はオキノームに加えて、１日３回のロキソニンも必須。

ただ、この期《ご》に及んで、まだどこか薬に頼るのがイヤだったんでしょうね。

飲んだほうが痛くならないのは、身に染みてわかっているんです。

だけど、服用すると眠気に襲われ、１日中寝てしまったりする。

それに、この頃から悪化していた便秘が、どの薬の副作用によるものなのか、当時はまだ掴めていませんでした。

対策として、腸内で水分を集めることで便を軟らかくする「酸化マグネシウム」も処方されていましたが、２錠飲むと効きすぎちゃう。

ちょうどいい量を見極めるのが難しく、飲むと下痢、飲まないと便秘の繰り返しで、夜は２時間ごとにトイレに駆け込むことも珍しくありませんでした。

だから、自然と薬を敬遠してしまって。

子供たちから口酸っぱく「お父さん、お薬ちゃんと飲んでね」と注意されているのに、つい、ロキソニンを飲み忘れて夜中にのたうち回ったり……。

結果、眠れなくなる。食欲も落ちる。

人間、やっぱり「眠れない・食べられない」は追い詰められます。

肉体的にも精神的にも、堪《こた》えました。

21日には、結社「あおがえるの会」の第2回句会にどうにか参加できましたが、背中の激痛や便秘に悩まされて四苦八苦のまっただなか。快便人生を送ってきた僕には、けっこうつらかったです。

便が出るって、当たり前のことじゃなかったんですね。

民間療法の誘いに困惑

同じ頃。

一部の仕事関係者と身内以外にはオープンにしていなかった僕のがんのことが、芸能界やその周辺でジワジワと広がっていました。

食べられなくなった僕を心配して、レトルトのおかゆパックやゼリー飲料を山ほど送ってくださった方もおられて。

実際、当時はおかゆやゼリーのようなものしか口にできませんでしたし、大変助かりました。

なにより、その温かいお心が嬉しかった。

この場を借りて、改めてお礼を申し上げます。

一方で、少々戸惑うこともありました。

誰に聞いたのか、僕ががんになったことを知って、

「X大学の▲▲先生が、本でこんなこと言ってるよ。がんは放置するのが正解なんだって」

「抗がん剤より、●●茶のほうが効くよ。送ってあげようか？」

「この動画、ぜひチェックしてください。観るだけで寿命が延びるから」

——切りがないからこのへんでやめておきますが、そういったメールやお電話をたくさん頂戴しました。

お気持ちはありがたかったけれど、残念ながら、何ひとつ心が動かなかったです。

僕も家族も、牛尾先生を信じて医学的根拠のある治療をすると決めていたし、民間療法にはまったく興味がなかったから、丁重にお断りしました。

ただ、中には相当しつこい方もいましたね。スルーしてもスルーしても、毎日大量の画像を送りつけてきたり……。

どんな治療を信じるのかは、その方の自由です。「絶対効く！」と信じられれば、本当に効くこともあるんでしょう。イワシの頭もナントカと言いますから。

否定はしませんし、したくありません。

もちろん、善意から出てきた行為だと思いますが。

しかし、誰かに押し付けるのは、ちょっとなあ。

脳転移が発覚

放射線治療にあたって、非常に重要な検査がまだ残っていました。

ご存じの方も多いかもしれませんが、肺がんは脳に転移しやすいんだそうです。いとこの憲夫も、最後は脳に転移していました。

僕は進行がんのステージ4。その可能性は十二分にあります。

4月25日、提携病院の脳神経外科でMRIの検査の結果、やはり見つかりました。

10円玉大の腫瘍が、右の脳に、くっきりと。

3週間ほど前から自覚していたひどいめまい、ふらつき、実際は手にしていない〝ガラケーの幻覚〟に宛先不明のメールを打ち込むなどの不可解な行動も、脳転移が原因だったのかもしれません。

驚きはありませんでした。

ただ、せっかく牛尾先生のようないいドクターに巡り合えて、光明が見えてきた矢先でしたから、ショックでした。


転移性の脳腫瘍とは別のものではありますが、脳を原発とする悪性腫瘍、いわゆる世間で言うところの「脳腫瘍」と僕は、不思議な因縁があります。

中1の時に大スター・石原裕次郎さんと共演したデビュー作『敗れざるもの』では、脳腫瘍と闘う少年・俊夫役でした。

暗い過去を背負ったお抱え運転手・橋本役の裕次郎さん――裕ちゃんと呼んだほうがし

っくりくるかな。裕ちゃんと、大好きな天体観測をしながら、残りの日々を精一杯生きるんです。手術後、頭を包帯でグルグル巻きにされるシーンもありましたね。

ラスト、死の床に就いた俊夫は、裕ちゃん演じる運転手の名をつぶやきながら天国へ。何と言ってもデビュー作、それも優しくて最高の男っぷりだった裕ちゃんとの共演ですから、今も鮮明に覚えています。

18歳という若さで急逝した姉も、やはり脳腫瘍でした。

正確に言えば、彼女の18歳の誕生日の1週間前のことです。

夜中に突然トイレで倒れて、病院に運ばれた時は、既に手遅れでした。

当時、僕は16歳。

育ての母やいとこたちが見守るなか、「姉さん……、姉さん!!」と何度も必死で声をかけながら手を握り続けたけれど、そのまま冷たくなってしまった。

今度は僕の番だ。

前の病院で余命宣告された時に感じたのと同じ思いが、再び込み上げてきます。

でも、牛尾先生は、「やれることは、すべてやりましょう」とおっしゃってくださったじゃないか。

たとえ僕の番だったとしても、やれることをすべてやってから、死ねばいい。

そうでないと、懸命に支えてくれている家族に申し訳ない。

こうなったら、最後まで徹底的にジタバタしようじゃないか。

僕は、気持ちを切り替えました。

切実な「お金」の話

実際に僕が脳の放射線治療を受けたのは、それから約1ヶ月後のことです。

胸部の放射線治療が終わってから、脳転移と診断した脳神経外科とは別の提携病院で、最先端の「サイバーナイフ」による治療をしたのですが、どんなものだったのかについては、後ほど詳しくお伝えしますね。

余命宣告から始まったがん闘病も2ヶ月近くたち、シビアな問題が浮上しつつありました。

お金です。

がんは、お金のかかる病気だと痛感させられる毎日でした。

遺伝子検査からPET検査、MRI、CT、採血にレントゲン、骨検査。

安くても数千円、種類によっては10万円近くの治療費が、少なくとも1週間に1回は出ていきます。ただでさえ薄っぺらかった僕の財布には、まるで巨大な穴が開いているようでした。

極めつけは、先ほどチラリとお話しした、脳転移を治療する「サイバーナイフ」。

自由診療だと、なんと約64万円と聞いて、のけぞりました。

もちろん保険が適用されますし、1回あたり64万円ではなく、何回照射しても同じ値段のサブスク方式、かつ、高額療養費制度を利用すれば戻ってくるお金もあるとはいえ、なかなかに頭が痛いです。

コロナ禍で仕事が減ったのは、俳優の僕も同じ。

しかも、闘病中は働くのも難しいのに、近年稀《まれ》に見る出費、出費、出費。

妻が懸命にパートで支えてくれているけれど、まったく追いつきません。

通院するための交通費も、地味だけど、ボディブローのように効いてくる。

わずかな蓄《たくわ》えは、みるみる減っていきました。


そう言えば以前、乳がんを患った知人女性から、涙ながらに打ち明けられたことがあります。

夫に、「金のかかる病気になりやがって」と罵《ののし》られたと。

絶対に許せない一言です。この女性は、離婚したそうです。

だけど、がんの苦しさって、経済的な苦しさと連動することが多いのも、また事実なんですよね。

健康診断やがん検診もまったくしていなかったぐらいだから、がん保険にも入っていませんでした。

今思えば、入っていたほうがよかったなあと、率直に思います。

そんな僕のために、子供たち4人が見舞金を持ってきてくれました。

みんな、それぞれの暮らし向きで精一杯なはずなのに。

申し訳なかった。

でも、嬉しかった。ありがたかった。

病を得てから、我が子4人に「お父さん」と呼ばれるたびに、何とも言えない愛情を強く、強く感じるようになりました。

お父さんのひびき良きこと桜餅

僕は、世界で一番幸せな父親です。

放射線治療前の検査でハプニング

4月27日、朝8時半。

胸部への放射線治療に備え、位置決め等のチェックを受けるために、がんセンターで検査が始まりました。

まずは採血、そしてレントゲン撮影。

牛尾先生の診察を経て、照射部位へのマーキングに入る——はずだったのですが、ここで問題発生!!

背中の痛みで食べられなかったのと眠れなかったことが響いたのか、脱水症状と血圧低下が発覚。その場で入院が決定してしまったのです。

まさかこのまま留め置かれるとは! 「えーッ」って慌てましたよね。

しかし実際、足元がフラついてヨタヨタしていたし、痩せすぎだったんです。

入院にあたって身長と体重を測ったら、以前は55キロだった体重が44キロに。がんの疑いが浮上した2月末から2ヶ月で11キロ減り、身長も4センチほど縮んでいました。

いきなり思いもよらぬ入院生活がスタート。病室は6人部屋で、とても快適で明るいけれど、想定外の入院は、やはり気分が落ちます。

その日はとにかく安静に過ごし、翌28日には、昨日行うはずだった放射線治療の位置決めマーカー測定に臨みました。

上半身裸でベッドに横になり、測定機器を照射され、ターゲットに医療用のマジックでマークをつけてもらいます。

胸、脇の下など、場所が決まると黒いシールをペタリ、またペタリ。何度か繰り返してシールだらけになった僕は、夜、シャワーのみ許されました。

入院3日目ぐらいからでしょうか。

家に帰りたい!! と強烈に願うようになりました。

こんなこと言ったら、牛尾先生始め、お世話になったスタッフの皆さんには大変申し訳ないんだけれど……、その、ゴハンがあまり口に合わなくて。

きっと、「患者さんには少しでも体にいいものを食べてほしい」と心を込めて出してくださってるのがよくわかるから、なおさらつらかったです。

でも、しんどい時ほど、ゆっくりできる自宅で、「これだけは食べられる」と思うものを、ちょっとでも楽しみたかった。

「すみませんが、退院して通いで治療を受けることはできませんでしょうか」

ついに4日目の午前中に、牛尾先生に申し出たところ、ありがたいことにお許しいただだき、その日の17時に帰宅が叶いました。

先生、医療スタッフの皆さん。わがままな患者で、ゴメンナサイ……。

胸部の放射線治療は、2日後の5月2日に迫っていました。

脳転移に「サイバーナイフ」

胸部に放射線を当てたのは、5月2日から17日の間にわたる、合計10日間です。間隔は、空いても2日ほど。ゴールデンウィークを挟み、集中して照射しました。

1日1ヶ所、感覚としては数分~10分弱だったと記憶しています。

照射中は、ただ寝ているだけ。

痛くも熱くもなんともなかったですし、息切れなどの副作用も特に感じませんでしたが、背中の激痛は相変わらずでした。

いろいろな意味でインパクトが強かったのは、脳の放射線治療のほうです。

そう、例の「サイバーナイフ」。

保険適用なしだと、サブスク方式で64万円という最先端の医療。しかも、初めて提携病院を訪れたのは、胸部の放射線治療の最終日だった17日でした。

当日午前11時半からがんセンターで治療を受けた後、その足で別の提携脳神経外科で撮影したＭＲＩ画像を持って、午後にサイバーナイフを行うクリニックに向かったわけです。

俳優の業界用語で撮影現場を掛け持ちすることを「テッパリ」と言うのですが、僕はまさしく病院をテッパっていました。

それにしても「サイバーナイフ」って、物騒なほど威力ありそうな名前ですよね。

でも、決して名前負けしていない。

通常の放射線治療装置よりも、位置補正の精度が高い。つまり、正常な細胞を傷つけることなく、転移部分だけを確実に狙い撃ちできるんだとか。

さすが64万円（も実費では払わないけど）、凄いものです。

5月20日、サイバーナイフ初回。

緊張気味に、治療ベッドに横たわります。

頭と顔をすっぽり覆うようにかけられたモノは……なんだコレ？

なんだか搗《つ》き立てのおもちみたいにあったかくてモチモチした、ネット？？

後でクリニックのホームページで確認したら、「熱可塑性《ねつかそせい》プラスチックフレーム」という頭頸部《とうけいぶ》専用のマスクでした。オーダーメイドのように患者個人の型を取るもので、装着後の見た目は、滅多にありつけない高級メロンそのもの。

マスクメロンになった僕は、そのまま首と肩を固定されました。

別室でモニターから見守るドクターから「絶対に動かないでくださいね」と厳命され、そのまま10分ほどだったでしょうか。胸の放射線治療と同様、痛くも熱くもなく、サイバーナイフは僕の脳で「仕事」をして終了。

もう終わりかと思うぐらいの呆気《あっけ》なさに拍子抜けしつつ、ベッドから身を起こした途端、

「しまった！」と思いました。

治療の最中、好きな音楽を流せるとドクターから聞いて、「できるだけ陽気な曲を」と、ベンチャーズの『ダイアモンド・ヘッド』をかけてもらおうと思っていたのに。

すっかり忘れてしまった……。

幸いなことに、サイバーナイフも副作用らしい副作用はなかったです。

まずは大きな治療を乗り越えたせいでしょうか。

翌21日に行われた第3回の「あおがえるの会」句会では、体調が少し戻ってきているのを実感できました。

ずいぶん痩せてしまった自覚はあったけれど、ずっと悩まされてきためまいやフワフワ感が、軽くなったような気がします。

嬉しいことが、もうひとつありました。

この日、久しぶりの便通があったんです！

思わず日記に、こんなことを走り書きしてしまいました。

《便が出た!!　ベン・ケーシー!!》

ベン・ケーシー。僕と同世代の方は、よーくご存じでしょう。

知らない方は、ネットで調べてくださいネ。

ベン・ケーシーは次の日もお出ましになり、その次に来たのは4日後でした。

《3日なくて便・ケーシー!!　楽しい!!》
日記は感嘆符「!!」だらけです。
よっぽど嬉しかったんだろうなあ。

緩和照射は、心の痛みにも効いたのかもしれません。
僕は、ちょっとずつ本来の自分を取り戻し始めたのです。

第四章——奇跡

治験参加の中止と、人生初の化学療法

胸と脳の緩和照射を無事に終えた僕は、次の段階で新薬ソトラシブを使った治験治療が受けられるかどうか、改めて牛尾先生に検討していただきました。

既に4月下旬には29ページにも及ぶ説明文書を頂戴し、治験中のスケジュールや治療内容、予想される利益、起こるかもしれない不利益、副作用などなど、懇切丁寧なレクチャーを受けています。

ちなみにソトラシブは点滴ではなく、飲むお薬とのこと。なんと1日8錠も服用すると聞いてビックリしたものです。

ただ、残念ながら、治験治療は中止となりました。

理由は2つあります。

まず、この時点で4週間の経過観察後からしか治験に参加できないと判明したこと。

そして、腎機能など、体力もさらに低下していたこと。

僕自身は治験治療に前向きだったのですが、前月末にも脱水症状と血圧低下で入院した

だけに、いろいろ納得するしかありません。
でも、いつまでも引きずっているのは、よくナイ。
「今、やれること」を、やるまでです。

5月26日、梅雨入り間近を思わせる、ムシッとした朝。
娘の瑞希に付き添われた僕は、やや緊張気味で、がんセンターの門を潜りました。
この日僕は、生まれて初めての化学療法を受けることになっていたのです。
牛尾先生から提示していただいた標準治療①である、

カルボプラチン（従来の抗がん剤）＋ペメトレキセド（前同）＋ペムブロリズマブ（免疫チェックポイント阻害薬）

を点滴で投与。抗がん剤と免疫療法の組み合わせです。
どんなモノが僕の体に入ってがんを叩くのか、ネットで気になって調べてみたところ、

【カルボプラチン】

貴金属のプラチナを含む金属化合物の抗がん剤。

がん細胞内に取り込まれると、遺伝子本体であるDNAと結びついて合成を阻害し、がん細胞の分裂を止め、やがて死滅させる。


【ペメトレキセド】

細胞のDNA合成に不可欠なビタミンの一種・葉酸《ようさん》によく似た抗がん剤。

投与すると、葉酸と間違ってがん細胞に取り込まれるが、あくまでも偽物であるためDNAは合成不可能に。結果、がん細胞はうまく分裂できなくなり、死滅に追い込まれる。


【ペムブロリズマブ】

がん細胞から免疫の一員・T細胞に発信される「攻撃中止の信号」を遮断する、免疫チェックポイント阻害薬。

投与されることで、がん細胞によってブレーキがかけられていたT細胞が再び活性化。がん細胞を撃退する。

へえ〜、あのお高いプラチナが、がん細胞と死闘を演じてくれるとは。ペメトレキセドって、葉酸の「そっくりさん」になって、がん細胞に入り込むのか。まるで別人のフリをしたスパイが内部で破壊工作をするみたい。がん細胞と抗がん剤が体内で繰り広げる駆け引きとバトル、なかなかドラマチックじゃないですか。

今はとにかくトライあるのみ。

などと思いつつも、やっぱりちょっぴり怖かった。

採血、レントゲン撮影、先生の診察後、いよいよ化学療法室へ。治療開始の30分前には吐き気止めを飲みます。

「お父さん、頑張って!!」

瑞希の励ましに手を振り、明るい光の差し込む廊下を歩みながら、僕は覚悟を決めました。

2時間「まな板の鯉」になる

てっきり、治療は個室かどこかで受けると、ぼんやり思っていたんです。

だからナースに案内され、目の前に広がった光景に仰天しました。

で、でっかい!!

そこは化学療法室というよりも「化学療法ホール」といった趣《おもむき》の空間で、30台以上はあったでしょうか、ズラリと並んだベッドでは、たくさんの患者さんたちが今、まさに点滴の真っ最中です。

当たり前ですが、皆さん、僕と同じがんの患者さんです。

お名前は存じ上げないけれど、こんなに仲間がいるんだな。

僕は勇気をいただく思いで、杖をつきながら歩を進めました。


ベッドに落ち着くと、元気のいい若手ナースが点滴パックを運んできて、手際よくセットしていきます。

恐る恐る差し出した左手に針が刺さりました。

いよいよ化学療法スタートです。

これから2時間、何があっても、何が起こっても、自分ではどうすることもできません。

完全に「まな板の鯉」の心境です。

隣り合う患者同士、世間話に興じていることもなく、実に静か。

早く終わらないかなあ。

それればかり考えながら、ひたすらに時間をやり過ごしていた時、点滴パックのひとつに「キイトルーダ」と書かれているのが見えました。

キイトルーダ……なんか、効き目がありそうな名前だなあ。

後でわかったことですが、キイトルーダは免疫チェックポイント阻害薬・ペムブロリズマブの商品名でした。薬って、主成分を示す一般名と、製薬会社がつける商品名の両方があるんですね。知らなかった。

治療中に気持ち悪くなったりすることはまったくなかったけれど、ひとつ、とっても困ったことがありました。

投与した抗がん剤が血液に入って勢いよく全身を駆け回り、体中のがん細胞を攻撃・破壊するべく生理食塩水も点滴するそうなんですが、そのせいか、トイレが妙に近くなっちゃって。

うわっ、またたよ……。

もよおすたびに、ナースに「すみません」と声をかけてついてきてもらい、カラカラと点滴台を引きずって、おしっこに行きました。

僕と同じような患者さんが、きっとたくさんおられるんでしょうね。

だだっ広い化学療法室の前には、トイレがズラーッと並んでいて、助かりました。

こうして、僕の人生初の化学療法は終了しました。

ずっと待っていてくれた瑞希にとっても、一日仕事。きっと心配だっただろうし、相当疲れたことでしょう。

会計を済ませ、およそ7時間ぶりに外に出ます。

さあ、お次は薬局。

めまいや貧血、息切れ等、治療の副作用を軽くするための複合ビタミン剤・パンビタンなどを処方してもらわなくては。

オレンジ色の西日が、僕たちを優しく包み込んでいました。

11キロ痩せて太ももが「細もも」に

吐き気や脱毛といった副作用は、少し遅れて出る可能性も十分あります。

それから数日間は、少し緊張して過ごしました。

気持ち悪いのは勘弁だし、いくら「カツラ上等！」とはいえ、やはり髪が抜けないに越したことはナイ。

でも、仮に抜けたとしても、化学療法室と同じ2階にはコンビニや美容院があって、ウィッグなどの脱毛対策グッズが気軽に手に取れますし、1階には、治療中に生じた外見上の変化に関する悩みを相談できる「アピアランスサポートセンター」もあります。

ウィッグなどには購入費助成制度もあるんだそうですよ。

幸い、激しい吐き気や脱毛に見舞われることもなく、カツラで役者としての新境地をアピールする僕の野望も幻となりました。

3日後の5月29日には、化学療法後、初の仕事を再開できました。最初の病院で余命宣告を受ける直前に撮影していた映画『火面　嘉吉の箭弓一揆』のアフレコです。

実は同月1日に予定されていたのですが、体がどうにもならなくて延期してもらっていて。ちょうど放射線治療開始前、脱水と血圧低下で入院し、4日目に退院した頃のことでした。

久しぶりに現場に現れた僕のやつれた姿は、やはり衝撃的だったようです。ただでさえガリガリなのに、3ヶ月で11キロも痩せてしまったのだから、無理もありません。

闘病は伏せていたため、事情を知らずに心配するスタッフに、

「若い頃は、浅丘ルリ子か小倉一郎かって言われてたんだよ」

そう言って笑い飛ばしたら、「小倉ちゃんはケロッと面白そうに話すね」ってみんなにウケました。

なるべく元気いっぱいに振る舞っていたけれど、実は、アフレコ中は声を出すのもやっとでした。

確かに抗がん剤の副作用は感じなかったし、ステージ4の肺がんなのに咳き込むこともなかった。だけど、まだ背中の激痛は続いていて、ほとんど食べられなかったんです。痩せすぎちゃって、お腹の底から声が出せない。ひとセリフ、ひとセリフ吹き込むのが精一杯でした。

アフレコから帰宅して入浴中、改めて腕や太ももを眺めてゾッとしました。
太ももが「細もも」になってる!!
鏡に映る顔も、げっそりしています。
オレって、こんなに馬面《うまづら》だったっけ?
ふと視線を下げれば、脇の下になんだか黒いモノが貼り付いています。
放射線治療の位置決めシールでした。
こんなの、まだ残ってたんだ。
頑張ってきたなあ、オレ。
これからどうなるのかなあ。

いつまで、どこまで頑張ればいいんだろうか。

こんな心のつぶやきを、神様が聞いていてくださったのでしょうか。

その時、僕は、闘病の大きなターニングポイントに立っていたのです。

がんが小さくなってる!!〜トイレで男泣き

翌30日、カラリとした五月晴れ。

午前の早いうちに、瑞希に伴われて再びがんセンターへ。

この日は、これまで受けた放射線治療と4日前の化学療法の結果が知らされることになっていました。

今さら何ができるわけでもないのですが、やはりドキドキする……！

期待と不安が交錯するなか、ひたすら電光掲示板に僕の整理番号が表示されるのを待ちます。

午後に用事が入っていた瑞希は、一足先に帰ることになりました。

この子がいてくれて、どんなに助かったことか。

「じゃあね、お父さん。何かあったら連絡してね」

セミロングの髪をなびかせて去っていく後ろ姿を、いつまでも見送りました。


頭上の電光掲示板が僕の番号を告げ、こわごわと診察室に入ります。

今日もにこやかに出迎えてくれた牛尾先生は、

「小倉さん、放射線や抗がん剤の副作用はいかがですか？　つらくないですか？」

と、真っ先に気遣ってくれました。

「おかげさまで、どちらもまったく大丈夫なんです」

「それはよかった！　でも、ご無理なさらないでくださいね」

顔色や体調を鋭く観察しつつも、できるだけこちらの緊張をほどこうとされているのでしょう。先生の明るさにつられて、自然と笑みがこぼれます。


そんな僕の様子を見て取った先生は、本題に入りました。

「これは、26日に撮影した胸部のレントゲン写真です」

さらに、別のモノクロ画像をモニターに映し出します。

化学療法前の画像では、向かって左側、つまり右肺上部に直径5センチの塊、反対側の左肺にピンポン玉ほどの塊、胸骨中央寄りにおはじきぐらいの塊などが確認できました。

それが、先ほど撮ったばかりのレントゲン画像では激変していたのです。

右肺上部のがんは、ひとまわり、いやふたまわりほど小さくなっているではないですか!!

これは、本当なのか。

本当に現実で起こっていることなのか。

まさか、放射線治療とたった1回の化学療法が、ここまで威力があるとは……!!

恐る恐る、先生に確認しました。

「先生……、なんか、がんが小さくなってませんか?」

「そうですね。抗がん剤が効いたんですね」

ごくあっさりと、淡々と返事をする牛尾先生のお姿が、涙でみるみるかすんでいきます。

奇跡です。

奇跡が起こったのです。

「ありがとうございました」

必死に涙を抑え、振り絞るようにお礼を申し上げる僕に、先生はいつもの温かい笑顔でこう告げました。

「小倉さんの場合、通常の抗がん剤と免疫療法を用いた標準治療で結果も出ていることですし、当面は今の化学療法を続けていきましょう」

「はい、どうかよろしくお願いします!!」

次の化学療法日の確認もそこそこに診察室を飛び出すと、近くの個室トイレに駆け込みました。

余命宣告された僕のがんが、ここまでやっつけられるなんて!!

嬉し涙が後から後から溢《こぼ》れ落ちます。

ポケットからスマホを取り出し、万感の思いと感謝を込めて、瑞希にメールを打ちました。

《お父さんのがん、小さくなったよ!!》

五月来てあふるる涙もてあます

食欲が戻り、体重が再びアップ

この日を境に、僕の中で、何かがガラリと変わりました。

一時は余命1年を覚悟していたのに、信じられないような素晴らしい「結果」が出たことで、死から生へと心の舵《かじ》を大きく切ったのです。

子供たちや妻、周囲にさんざん心配かけたんだから、生きなきゃな。

今はとにかく精をつけて、体力を戻そう。

これはもう、食うっきゃないな――って。

それからの僕は、食べたいと思うものに何でも挑戦しました。

横浜駅前の髙島屋のデパ地下でうなぎ弁当やお寿司をテイクアウトしたり、その向かいのヨドバシカメラ地下のステーキ屋で、若者に交じって分厚いお肉を口に運んだり。

激ヤセした体は胃も縮み切っていて、当初はなかなか完食できなかったけれど、それでもあきらめませんでした。

おかゆやゼリーしか受け付けなかった2ヶ月余り前が嘘のように、無理にでも口に押し込みました。

生きたかったのです。

もっと、生きたくなったのです。

そのためには、今、食べなければ。

執念にも似た食欲は、長男の龍希が「お父さん、僕より食べてるじゃないか。まるで第二の育ち盛りみたい」と目を丸くして驚くほど。体重も少しずつ戻っていくのを実感しつつありました。


生きるための食欲は、僕を意外な習慣へと進ませました。

これまで食には無頓着《むとんちゃく》で、「あるものを食べればいい」ぐらいのタイプだったのに、毎日の食事内容をザッとメモするようになったんです。

がんで11キロも痩せて、〝体は食べ物でできている〟のを痛感させられたのは大きかった。

また、妻がパートに出ている昼食時は、自分で料理することも覚えました。アジの開きを焼いたり、チャーシューと卵を入れたチャーハンを作ったり。簡単なメニューばかりですが、僕の手料理、けっこうイケますよ。

不思議なことに、味覚も変わってきました。

昔はコーヒーには必ず、ミルクたっぷり・砂糖スプーン2杯は入れないと気が済まなかったけれど、今は薄めのブラックが何より美味しく感じます。

がん治療を受けている過程で、1回、体内のリセットボタンが押されたのかもしれません。

「食べること」に関して、面白い話を聞きました。

体内には、抗がん剤治療等で死んだがん細胞を食べると、がんに対する免疫を活性化させる免疫細胞があるんだそうです。

その名も〝CD169陽性マクロファージ〟というらしいんですが、なんと、みずから食べたがんの死細胞の情報を、免疫の攻撃要員であるT細胞に伝達。いまだ増殖中のがんを殺すように指令を出すんだとか。

マクロファージも僕も、食べることで生きている。生かされている。

もっと、食べなきゃ。

もっと、生きなきゃ。

もっと、もっと。

空腹は生きてるあかし竹の春

脳転移が照射1回で消えた!!

とびっきり嬉しい「生きてるあかし」が届いたのも、まさにこの頃でした。

提携病院の脳神経外科クリニックで、最先端の放射線治療「サイバーナイフ」を受けてから1ヶ月ほどたった、6月中旬。

再受診したクリニックで、なんと、10円玉大ほどあった脳転移のがんが死滅していることとがわかったのです。

たった1回。

たった1回の照射で、ですよ!!


信じられない気持ちのまま、クリニックでもらったMRI画像入りのCDを主治医の牛尾先生に渡し、改めて診察室で確認しました。

やっぱり、ない。

モニターに映し出された照射後のモノクロ画像には、10円玉大だった腫瘍が、ない。

どこにもない。

代わりに、ゴマ粒みたいな黒い点々が散らばっています。

「先生、これは――?」

それ以上言葉が続かず、ぽかんと口を開けたままの僕に、牛尾先生はにっこり応じました。

「この黒い点々は、がん細胞が死滅した証です」

サイバーナイフの実力は、「正常な細胞を傷つけることなく、転移部分だけを確実に狙い撃ちできる」凄いものだと聞いてはいたけれど、まさかここまでとは!!

脳の放射線治療で10円玉大からゴマ粒ほどになった「死んだがん細胞」は、今頃とっくにCD169陽性マクロファージに食べられて、免疫力アップに大貢献してくれていることでしょう。

僕を徹底的に苦しめたがん細胞が、サイバーナイフで死滅した後は、逆に役に立ってくれている。

なんだかちょっと不思議です。

以降は、月1回の標準治療と、提携病院での2ヶ月に1回の脳のMRIチェックが固定化。

慣れない闘病生活にも、徐々にリズムのようなものが生まれつつありました。

がんセンターの「絶品」アップルパイ

6月になっても背中の痛みはまだ続いていましたが、医療用麻薬のオキノームを飲むほどではなくなり、ロキソニンやカロナールだけで済むようになってきました。

食欲も出てきたこともあって、毎日、生き直しているような新鮮な気分……悪くなかったです。

少し余裕が出てきたんでしょう。

がんセンターの庭に自生している羊歯《しだ》が、このうえなく美しいことに気が付きました。

花壇には色とりどりの可憐な花も植えられて、咲き誇っています。

でも、やはり羊歯なのです。

先端にいくほどスッと繊細になっていく、艶《つや》やかな緑の葉。まさに自然のままの美しさ。

「世の中にはきれいなものは多いが、美しいものは少ない」

有田焼を代表する陶芸家にして人間国宝だった、十四代酒井田柿右衛門《さかいだかきえもん》の言葉です。

着飾ったものなんていらない。シンプルでいい。

俳句も、人生もそうだ。

そのままで、いいんだ。

初夏の光を照り返す羊歯を眺めているだけで、心が安らぎました。

もうひとつ、通院に楽しみを見つけました。

がんセンターの玄関を潜ってすぐ右手にある、ベーカリーカフェのアップルパイです。

あれがね、とっても美味しいの。バターが上等だし、シナモンが効いた具のりんごもタップリ入ってる。午前中に行かないと、すぐ売り切れちゃうぐらい人気！

化学療法の日は、午前中から夕方までかかります。

だから、採血が終わるとカフェに直行して、アップルパイを2つ確保。ひとつはレントゲン撮影を待っている1時間ほどの間に、もうひとつは化学療法の前に、飲食OKのスペースでいただきます。そうすると、ちょうどお腹が空かないんです。

まさに月に一度のご褒美、がんセンターの絶品アップルパイ。

でも、一方では、こんなことも考えるんです。

もしも院内じゃなくて街のカフェで食べたら、ここまで美味に感じるだろうかって。

がんセンターのアップルパイを美味しくしているのは、好きなものを好きなだけ頬張れる幸せを、命をつないでくれる場所でめいっぱい味わわせてくれるからかもしれません。

蜩《ひぐらし》や点滴のあと一時間

危機一髪!!　胸の痛みで緊急入院

そして、季節は8月の盛夏へ。

4日にはがんセンターで3回目の化学療法。「がんよ小さくなれ、がんよ小さくなれ」と念じつつ、小粒のカリカリ梅ほどに縮んだがん退治に闘志を燃やします。

副作用もなく、効いている実感が摑めた今は、2時間の点滴はさほど苦になりません。

13日の第6回句会では、ついに俳誌「あおがえる」創刊準備号が完成しました。

手にした時の感動を思い出すと、今も涙が込み上げます。

編集長を引き受けてくれた、蒼山こと中川プロデューサーや会長の坂本マネージャー、心優しき句友たちが、病んだ僕のために親身になって力を貸してくれた。

いつまで続くかわからないけれど、こうして形になった。

生きた証が残せた!!

みんな、みんな、ありがとう!!

だが、順調だったのは、そこまででした。

「ウーッ……」

む、胸が痛い。息が吸えない、立っていられない。

これは、肺がんの痛みか?

でも、おかしい。

目視できる範囲内のがんは、順調に消えているはずなのに。

そう言えば、3月に最初の病院で針生検をした頃から、時折、胸が固められるような痛みが走ることがありました。

今度は、何だ……!?


結論から申し上げると、「不安定狭心症」の発作でした。

17日にも同じような症状に襲われたため、近くの病院を訪れたところ、紹介状がないとの理由で診てもらえず。近所の診療所で改めて紹介状を揃えて、翌日朝イチに病院入り。

待合スペースで待機していたところ、〝運よく〟ナースの目の前で発作を起こし、緊急で心電図チェック。その場で心臓カテーテル手術が決まり、冠動脈にステントを入れられるハメになりました。

まさに、心筋梗塞の一歩手前の危ないところ!!

せっかくステージ4の肺がんから生還したのに、あやうく心疾患で死ぬところでした。

またもや入院生活に逆戻り。一晩中、点滴です。

今年は病気の当たり年だなあ……。

でも、特段の悲観はありませんでした。

「トシとると、一気に来るなあ。いろいろ起こるわいなあ」と思いつつ、ベッドでうつらうつらしていました。

術後の経過は良好で、予定通り2泊3日で退院。

胸の痛みもすっかり消えて、元気スッキリ!!

そして、まだ病み上がりだというのに、愛する家族たちと旅に出ることにしたのです。

二度と戻れないと覚悟していた、故郷の下甑島へ。

子や孫に故郷・下甑島を見せたくて

心臓カテーテル手術から1週間もたっていない、8月24日。

長女の悠希夫婦とその娘、息子、次女の瑞希と僕の6人は、揃ってふるさと下甑島の土を踏みました。

子や孫たちに、故郷の麗《うるわ》しく輝く海を、空を、どうしても見せたかったのです。

幸い、手術によるダメージもなく、体調に問題はありませんでしたが、やはり立て続けの大病。悠希は「お父さんが下甑島に帰れるのは、これが最後かもしれない」と覚悟していたそうです。

この帰省には、大きな目的もありました。

いとこの憲夫に線香をあげるためです。

しかしこの時は、憲夫の奥さんが鹿児島市内に出かけており、会うことができず、願いは叶いませんでした。

憲夫の奥さんに電話すると、

「一郎さん、よかったわね」

と言われ、つらかったたし、申し訳なかった。

憲夫。

コロナ禍でお葬式にも参列できず、ごめんな。

同じ肺がんにかかったのに、僕だけ生き残ってしまった。

でも、憲夫のことを思い出したから、僕は背中の痛みの異常さに気付くことができたんだ。

ありがとう。

僕は、憲夫の分まで生きるよ。

どうか見守ってくれよな。


懐かしい匂いのする潮風が、頬を優しく撫でていきました。

3泊4日の旅は、憲夫の兄弟が営む焼肉屋で大歓迎を受け、文字通り夢にまで見たエメラルドグリーンの海で遊び、海鮮自慢の宿で存分に食べ、飲み、語り合う充実したものとなりました。

2泊目の夕食の時だったでしょうか。

男の子の孫が、座敷を這っていた蟻《あり》を僕の杖でつぶそうとしたのを見て、思わず諭《さと》しました。

「やめなさい、殺生《せっしょう》してはイケナイ」

孫には僕の病気のことを教えていません。

でも、何かを感じ取ったように、そっと杖を置きました。

ここ半年間、自分自身の生老病死と色濃く向き合わざるを得ませんでした。

座敷を這う蟻も僕も、「限りある命」というただ一点においては平等な存在。

たくさんの方のおかげで命をつないだ身には、どんな生も、今はただひたすらいとおしいのです。

求めゆく一途な蟻を踏まぬやう

維持療法への転換と主治医交代

牛尾先生のご提案くださった標準治療の抗がん剤が、僕に合っていたのでしょう。目視できる範囲のがんは順調に縮小し、痛みの症状も落ち着きを見せ始めたことから、翌9月からは維持療法へと切り替えることができました。

プラチナ入りの抗がん剤・カルボプラチンが減って、もう1種類の抗がん剤・ペメトレキセドと、免疫チェックポイント阻害薬のペムブロリズマブ（僕には商品名「キイトルーダ」のほうが馴染みアリ）の投与は継続。点滴時間も2時間から半減し、負担が軽くなりました。

この頃には化学療法にもすっかり慣れ、周囲の患者さんの姿も目に入ってくるようになりました。

向こうの女性は、文庫本を読みながら点滴中。

あちらは、編み物か……。

みんな穏やかな表情です。

ならば僕もと、俳誌「あおがえる」の創刊号のエッセイに挑戦しました。

点滴の針が刺さっている左手はともかく、右手は自由なんだし、ボーッと過ごすにはもったいないぞって。

《今、生まれ変わったような気分だ》

11月、無事に刊行した創刊号に寄せた一節です。

句友の黒木久勝に蒼硯《そうけん》の俳号をつけてあげたら、彼は脚本家なので、黒木蒼硯をペンネームにしてしまいました。

そうだ、僕も生まれ変わったんだから、芸名を小倉蒼蛙にしよう。

坂本マネージャーに伝えると、「エエ〜!?」と仰天しましたが、蒼硯も蒼山（こと中川プロデューサー）も賛成してくれて、3対1で僕の勝ち!!

ということで、小倉蒼蛙になりました!!

12月の初旬には、〝病気の当たり年〟のダメ押しのようにコロナに感染して入院。がん患者である僕はヒヤヒヤしましたが、どうにか乗り越え、新しい年を迎えることができました。

化学療法中に句が浮かんでくるようになったのは、23年に入ってからです。

杖をもて通院の手の悴《かじか》みぬ

身の内にキイトルーダのめぐる冬

当初は、寒風吹きすさぶなかでの通院風景や治療を詠んだものが多かったのですが、立春前後からは少しずつ明るいトーンの句が増えていきました。

冬萌えや我にも希望らしきもの

手に届く処《ところ》にくすり春炬燵《はるごたつ》

点滴のペメトレキセド風光る

そして、関東地方では平年より大幅に早い3月中旬に桜が開花。

長かりき一年を来て観る桜

もう二度と見ることはないとあきらめていた桜を見上げて、胸がいっぱいでした。

がんになって、二度目の春。

再び別れの季節が巡ってきました。

4月、主治医の牛尾先生が、川崎市・武蔵小杉の関東労災病院へ転勤されることが決まったのです。

先生からお知らせを受けた時は、大変残念でショックでした。

勤務医であられる先生のお立場を、頭では理解していたものの、心では「ずっと見ていただける」と思っていました。事実、そう願っていましたから……。

でも、仕方ありません。

命を救ってくださった先生への深い感謝と、今後ますますのご活躍を祈ってひたすらお礼を繰り返す僕に、先生はいつもの朗らかな笑顔でサラリと別れを告げました。

「小倉さん、よかったですね。僕も嬉しいです。どうか、今後もしっかり治療を続けて、お大事になさってください」

『徹子の部屋』で告白後、見た目はがん消滅!!

そろそろ、肺がんから生還した僕の経験をお伝えしてもいいかな――。

そう思って、桜が咲いた頃から、日刊ゲンダイさんなどのメディア取材を受けるようになりました。

中でも最も反響があったのが、5月2日に出演させていただいたテレビ朝日系の人気番組『徹子の部屋』です。

昔からよく存じ上げている黒柳さんの自由奔放なトークのおかげで、大変楽しいひと時でしたが、視聴者の方々にとって「ステージ4のがんから蘇《よみがえ》った」事実は、インパクト大だったのでしょう。

オンエア後、がんの治療をしていらっしゃる患者さんや、そのご家族からのお問い合わせをたくさんいただきました。

同時に双葉社から出版のお話も頂戴したことから、少しでも皆さんのお役に立てるのならばと、これまでお伝えしてこなかった部分も含め、今回の本で詳しく明らかにすることを決意した次第です。

新しい主治医は齋藤春洋先生に決定。

「呼吸器内科部長」と伺って一瞬緊張しましたが、まったく尊大なところのないお医者様で、ホッと一安心しました。

穏やかな語り口ながら、時折垣間《かいま》見える「患者のどんな体調変化も見逃すまい」という鋭いまなざし。前任の牛尾先生と同様、モニターではなく僕の目を見て、常に気にかけてくださいます。

ああ、なんて僕はツイているんだろう。

坂本マネージャーからも、「小倉さんは、運だけはいい」と、よく言われるんですよね。

本著の医療監修もご快諾くださった先生には、全幅の信頼で、今も治療していただいております。


6月に入って、がんの現状をより詳しく摑むべく、PET検査を受診。12日に齋藤先生から告げられた診断結果は、予想をはるかに上回るものでした。

なんと、唯一残っていた右上部の原発肺がんが、ビーズと見紛《みまが》うような粒つぶになっているではありませんか。

喜びが全速力で体中を駆け巡ります。

治った！

余命宣告まで受けた僕が、治ったんだ！

これで無罪放免だ!!

しかし、これは盛大なヌカ喜びでした。

齋藤先生が諭すように続けます。

「小倉さん、がんが治ったわけではありません。治った〝かのように〟見えるだけです。ステージ4で転移をしているということは、画像に映っていないがん細胞も十分に考えられます。少しでも残っていれば、さらなる転移・再発の可能性もありますから、今後も徹底して治療を続けましょう」

そうか。

そうなのか。

治った「かのように」見えるだけなんだな。

僕は気持ちを引き締めました。

きっと、抗がん剤と免疫療法で「治った」のではなく、「抑え込んでいる」と表現するほうが正しいんでしょうね。

今も毎月、同じ化学療法を続けています。

がんを抑え込めているかぎり、これからもずっと続けることでしょう。

効果が認められなくなったら、また別のお薬に変わるかもしれませんが、いずれにしても治療は「生きている」からこそ受けられること。

だからこれからも、僕なりの通院の楽しみを見つけながら、治療を続けていくつもりです。

今度はメロンパンも試してみようかな……。

天国の家族たちが守ってくれた

それでも、原発の肺がんがここまで小さくなったのは、素直に嬉しかった。

痛み止めも、今ではほとんど必要ありません。毎日快適です。

いとこの由紀子姉さんにも、しみじみ言われました。

「きっと、亡くなったきょうだいや母さんたちが、守ってくれたんだよ」って。

僕は、いわゆる「母乳」を知りません。

これまでお話しした通り、母・早苗は僕を産んで1週間で天国に行きました。

育ての母である父の姉、つまり伯母の山下初穂は、年齢的にも母乳が出なかったため、米のとぎ汁で育てたんだそうです。

小児結核にかかったこともあって、普通の子供よりずいぶん痩せた僕を見かねたのか、島の農家さんが山羊《やぎ》の乳を恵んでくれました。これが濃厚で甘くってね。

僕は、米のとぎ汁と山羊のミルクで育ったんです。

伯母のことは「お母さん」と呼んでました。

家庭の事情で小1の夏に上京した時、しばらく中野の鍋屋横丁のボロアパートで暮らしていたけれど、お母さんが僕にひもじい思いをさせたことは一度たりともありません。

僕がご飯をたくさん食べると喜んで、力いっぱい抱きしめてくれた。

だから、ほうれん草もにんじんも、何でも食べました。お母さんが喜んでくれるのが嬉しくてね。今も好き嫌いはありません。

何度も病気をしながらも、ここまで生きながらえてきたのは、命がけで僕を産んでくれた実母と大切に育ててくれたお母さん、ふたりの母があってこそです。

俳優人生、何度も浮き沈みを経験しました。

でも、どんなピンチの時でも、いつも必ず支えてくれる人がいた。

名脚本家、才能溢れる監督、俳優仲間、友人。

そして、家族。

ひとりでも欠けていたら、こんなに素晴らしい人生を歩むことはできなかった。

僕は、亡くなった父母、双子の兄や姉から、いい運をもらったんだと思います。


かけがえのない子供たち、孫たち。

愛する妻・まき、子供たちを産み育ててくれた昌子さん。

命を救ってくれた牛尾先生。

今も僕の命を守ってくださる、齋藤先生。

笑顔で尽くしてくれる、がんセンターのナースの皆さん。

公私を超えて支えてくれる坂本マネージャー。

我がことのように病の身を案じてくれた友人たち。

たくさんの方に僕の闘病を広めてくださった、黒柳徹子さんを始めとするメディアの方々。

父。

双子の兄。姉。
ひと足早く星になった、いとこの憲夫。
何より、こんな素敵な人たちとこの世で巡り合わせてくれた、ふたりの母。
みんなみんな、ありがとう。
今、僕は、みんなへのありったけの「ありがとう」で、生かされています。

ありがたうと幾度言ひしか星涼し

第五章——生かされて、今思うこと

なぜ僕は生還できたのか？

余命宣告された当時は、残された1年をいかに充実させるか、そればかりを考えていました。

来年の桜も、もう見ることはないだろうと。

生きることを、すっかりあきらめていたのです。

あれから1年8ヶ月。

僕は、死にませんでした。

再び桜を眺め、無事に年男となり、今年23年10月29日には72歳の誕生日を迎えました。

俳句人生の集大成として結成した「あおがえるの会」もおかげさまで盛況で、俳誌「あおがえる」は4号目を刊行。

こんな喜びに溢れた日が待っているとは、当時、もはや死ぬつもりだった僕にはとても想像できませんでした。

なぜ僕は生還できたのか。

思い起こせば、ここに至るまで、いくつかの運命の分岐点がありました。

たとえば、21年末の福島ロケでの足首骨折。

もしもあそこで骨折していなかったら、それから約2ヶ月後に見舞われた背中の激痛の正体に気付くのが遅れたかもしれません。

骨折時に処方された痛み止め用の貼り薬が「たまたま」あったため、背中にも貼ってみたけれど、これが効かなかった。

何かがおかしいと直感したのです。

もしも骨折することなくロケを無事に終えていたとしたら、それこそ寝違えたか加齢によるものだと思い込み、病院に行くのがもっと遅くなっていたはずです。

また、同じ肺がんで旅立ったいとこの憲夫の家族から「病の発覚前に肩の痛みを訴えていた」と教えてもらったのも大きかった。もしかして自分も、とピンときましたから。

故郷を離れたり、それぞれ家庭を持ったりすると、いとことは疎遠になる方も多いかと思いますが、僕と憲夫の温かな関係はずっと変わりませんでした。島に残る色濃い付き合いが僕を救ってくれた一面もあるんじゃないでしょうか。

最大の分かれ目は、何と言っても長女・悠希が決断した、神奈川県立がんセンターへの転院でしょう。

あの英断がなかったら、きっと牛尾先生や齋藤先生に巡り合うこともありませんでした。

生きるのをあきらめなくて、本当によかった。

あくまでも個人的なものではありますが、今回の闘病で見出した「最後まで生きるのをあきらめないための3カ条」を記したいと思います。

最後まで生きるのをあきらめないための3カ条
～その1　異常を感じたらすぐ病院へ。叩ける門は、すべて叩く

「〝いつもはマッサージや鎮痛剤ですぐに楽になるのに、なんかこの痛み、ヘンだな〟と思ったら、すぐに病院に行ってください」

真っ先に声を大にして叫びたいことです。

ちょっとでも体に異変を感じたら、とにかくお医者さんの門を叩いてほしい。

がんは、原発の患部とは離れた意外な部位が痛くなることも多々あるようです。肩の痛みが、まさかの肺がんだった憲夫の無念は察するに余りあります。

仮に、僕のように余命宣告を受けたとしても、どうかあきらめないでください。

そもそも余命なんて、神のみぞ知ることです。

ある程度の目安にはなるでしょうが、絶対ではないことは、僕自身が証明しています。

セカンドオピニオンも転院も、患者に認められた立派な権利。

「病院を変えたいなんて言ったら、ワガママな患者と思われそう……」などと我慢しなくてもいいのではないでしょうか。

治療方法や主治医への信頼が揺らいでいるのなら、なおさら。

世の中にはたくさんのお医者様がいて、たくさんの病院があります。

叩ける門は、すべて叩く。

ジタバタしているうちに、次の一手が見えることだってあると思うんです。

最近、長年の親友の弟さんにステージ4の大腸がんが発覚。既に全身に転移していて僕同様、余命1年と診断されたと聞きました。

やはり「余命1年」のショックは相当だったようで、まだ2つほど試していない抗がん剤があるのに、すっかり治療の意欲を失ってしまった、と。

まるでかつての自分を見る思いでした。

凄く悲しくなった。

「とにかくその2つの抗がん剤、試してみなさい！」と伝えました。

きっと、三ツ木くんも同じ気持ちで僕に言ってくれたんだろうなあ。

あの時、彼が言ってくれたようにジタバタしたから、こうして命をつなぐことができました。


その後、落ち着きを取り戻した弟さんは、家族の勧めもあり、新たな抗がん剤にチャレンジすることを決意したそうです。

よかった……!!


どんな門を叩いて、どう生きるのか。

選ぶのは、僕ら患者自身です。

最後まで生きるのをあきらめないための3カ条

～その2　可能であれば「がん専門病院」を検討する

僕が余命宣告された病院は病床数が100以上あり、かつ、多くの診療科を抱える、いわゆる総合病院でした。

もちろん、「がん治療は総合病院では全然ダメだ」なんて乱暴なことを言うつもりは毛《もう》頭《とう》ありません。

全国の総合病院には、がんの名医と呼ばれる方がたくさんおられて、数多くの患者さんを快方に導いているのもよく存じ上げています。

それでも、あえて言わせてください。

やはり、がん専門病院には、総合病院では決して及ばない強みがある、と。

骨から遺伝子からとにかく詳細に調べ上げ、「がんを叩くために、今、何ができるのか」、あらゆる角度から検討。細かい検査も、最新の手法で徹底的にやってくれます。

さらに、医学的根拠＝エビデンス等に基づき、現時点で最良と考えられる検査や治療法などを示す文書を「診療ガイドライン」といいますが、がんの専門病院ならば、そのガイドライン以上の治療が受けられる可能性もあります。

僕が前主治医の牛尾先生に提案していただいた、承認されたばかりの新薬と従来の抗がん剤を併用するような医師主導型の治験参加による治療が、まさにそれ。

神奈川県立がんセンターは、医師主導型の治験に対するバックアップ体制も充実していて、がんの治験や臨床試験を日夜、積極的に実施しているそうです。

それだけ最新のがん治療データが集まって豊富に蓄積されていることになり、診療レベルも高くなるであろうことは、素人の僕でも理解できます。

総合病院でも治験はやっていますが、少なくとも、ここまでがんに特化した研究を、より深く追究するのはなかなか難しいはず。

総合と専門、どちらの病院がいい・悪いという話ではなく、それぞれの特性の違いだと思います。

しかし、がん治療に関しては、やはり専門病院のほうが強いのは無理からぬところでしょう。

ただ、誤解のないように申し上げたいのは「がん専門病院に行きさえすれば、どんながんでも治るというわけではない」という動かぬ事実です。

残念ながら、僕のように根治不可能なステージ4の肺がんを、すっかりなかったことにするような〝魔法の杖〟はどこにもありません。

確かに、抗がん剤だけでなく、免疫療法や、遺伝子変異を狙い撃ちする分子標的薬にも優れたものが出てきて、化学療法は日々進化していると聞いています。

でも、どんなに優れた薬も、体に合ったものでなければ意味がない。

しかも副作用は必ずある。全員に絶対出るわけではないけれど、つらい思いをされる患者さんは、今もたくさんおられます。

提示された治療法による奏功率が30～40%というのも、決して珍しいことではありません。同じ薬でも、非常によく効く人とまったく効かない人、個人差があるそうですから。

目視できるがんがどうにか消え、月1回の化学療法で再発と転移を抑え込めている僕は、現主治医の齋藤先生のおっしゃる通り、とても運がよかったんだと思います。

この30～40%の奏功率をどう捉えるか。

30～40%「しか」効かないと取るのか。

あるいは、30～40%「は」効くと考えるのか。

僕はぜひ、「30～40%の希望」――やれることがまだ残っているほうに賭けてほしいです。

正確な余命が誰にもわからないように、奏功しない確率60～70%に入るかどうかは、誰にもわからない。

「今、やれること」を、とことん追求してくれるのが、がん専門病院です。

どの街にもあるわけではありませんが、もしも通える範囲にあるのならば、しかるべきクリニック等で紹介状をもらい、つながってほしいと切に願います。


そういえば、福島ロケで足首を骨折した時には、整形外科に通いました。

決して内科や耳鼻科には行かなかった。

骨折したら、専門の整形外科で診てもらう。普段は当たり前にそんな判断ができるのに、なぜかがんとなると、地域で知られた大きな総合病院に向かってしまいがちですよね。

重ねて、総合病院そのものを否定するつもりはありませんが、やっぱり「餅《もち》は餅屋、がんにはがん専門病院」なんじゃないかなあと、命を助けていただいた僕は、強く思うんです。

最後まで生きるのをあきらめないための3カ条
～その3　モニターしか見ないドクターには要注意

お医者様、特に毎日、気の遠くなるような数の患者さんを診察する勤務医の先生の激務ぶりは、及ばずながら理解しております。

ランチも数分、時には食べそこなうほどの忙しさで、次から次へと押し寄せる患者さんに向き合うのは、体力・精神力ともに信じられないほどハードなことでしょう。

本当に頭が下がります。

でも、僕たち患者が頼れるのは、目の前の先生ただひとりなんです。

先生にとって、自分はたくさんいる患者のひとりに過ぎないと頭ではわかっていても、患者は誰しもが切実に、先生だけを頼りにしているのです。
「わたしを治してほしい」、その一心で。

前の病院で余命宣告を下したドクターは、最初の診察からずっと、モニターに映し出されたレントゲン画像を見つめたまま。一度たりとも僕と視線を合わせることはありませんでした。

めいっぱい好意的に解釈すれば、「限られた診療時間のなかで、できるだけ病状を正確に伝えなくては」という真摯《しんし》な気持ちから出た行為だった、かもしれません。

余命宣告も、「命の期限を患者に正しく伝えるのが医師の務め」と判断されたのかもしれない。

だとしても。

生意気な言い方をお許しいただければ、「ドクターには医者として、肝心なところが抜け落ちていたのではないか」と僕は思います。

「病気」は診ていても、肝心の「病気にかかった人間」そのものは見ていなかったのではないか。

だから、ステージ4のがんの病巣だけを確認して、患者のすべてをわかったつもりになっていたのではないか、と。

確かに、ステージ4は手術も放射線治療も抗がん剤も、完治・根治は不可能とされています。

そこは、がんセンターの前主治医・牛尾先生や現主治医の齋藤先生の見解とも一致しています。

しかし、根治には至れずとも、少なくとも放射線治療と抗がん剤については無駄にはならなかった。

牛尾先生が、激しい痛みに苦しんでいる僕自身に丁寧に向き合い、提示してくださった治療法によって劇的にがんが縮小。現在も、齋藤先生の頼もしいお力添えを得て治療を続けながら、再発・転移を抑え込めているのですから。

中には〝患者と目を合わせてくれて愛想もいいけれど、残念ながら医師としての腕が伴わない〟といったケースもあるでしょう。「目を合わせてくれるドクター＝良医」とは、必ずしも言い切れないかもしれません。

ただ、もしも今、診てもらっているドクターが、モニターから目を離さないまま「お変わりありませんね」の一言で済ますようなタイプだったら、個人的にはちょっと注意したほうがいい気がします。

僕はやっぱり病気そのものではなく、患者である僕自身をしっかり見て、「お変わりありませんか？」と尋ねてくれるお医者様に、最期までこの身を委ねたいと思っています。

再発・転移は覚悟して前向きに終活

「小倉ちゃん、がんがすっかりよくなったんだって？　スゴいよなあ」

「エへへ、なにしろ日頃のおこないがイイからね〜」

気の置けない友人たちとはそんなふうにじゃれ合うこともありますが、もちろん、僕自身は「すっかりよくなった」とはさらさら思っていません。

再発は、絶対ある。

今度転移したら終わりだと覚悟しています。

そういう人を、これまでいっぱい知ってるから……。


いざ、再発や転移がわかったら。

やっぱり、やれることはすべてやるでしょうね。

今回は腎機能の低下などで受けられなかったけれど、条件が合えば、治験治療も検討してみたいです。

うまくいけば症状が改善されるかもしれない。

たとえそうでなくても、治験を通じて皆さんのお役に立てるなんて、素晴らしいじゃないですか。

主治医の齋藤先生を信じて、治療にベストを尽くす。

薬で痛みをコントロールしつつ、できる範囲で俳優業や俳句づくり、結社「あおがえるの会」の活動に打ち込み、今できることは、すべてやる。

楽しみ尽くす。

そして、いさぎよく己のさだめを受け入れるつもりです。

遅ればせながら、終活も始めました。

自宅の床が抜けそうなぐらい所蔵している本のうち300冊近くは故郷の下甑島へ送り、新たに創設された薩摩川内《さつませんだい》市立図書館の下甑分館に置いてもらっています。

それでも、まだレコード1000枚、DVD、カセットテープとか膨大にあるんですよね。

うーん、どうしようか……。

取りあえず、湯河原にいる伯母さん宅の空き部屋に置かせてもらおうかな、と思案中です。

絵の具や筆、水に溶けるクレヨンといった画材は孫のひとりに贈りました。

そうそう、以前、超人気デュオ「ゆず」のプロモーションビデオに出させていただいたことがあって。嬉しいことに北川悠仁《ゆうじん》さん、岩沢厚治《こうじ》さんのおふたりが僕のファンなんだそうです。寿司屋の大将やタクシー運転手役に扮して共演が叶いました。

三女の彩希がお二方の大ファンで、揃って横浜アリーナのコンサートに招待していただいたことも。彩希には、紅や金などのバージョンがあるプロモーションビデオのうち、2

本を送りました。

まだ行き先が決まっていないのは、育ての母に中2の頃に買ってもらった、河合楽器のジャズギターです。

生活保護を受けるほど貧しかったのに、当時大金だった7000円のギターを、月賦を組んでまで手に入れてくれた。血のつながりはあれど実子ではなかったのに、僕はどれほど愛されていたんだろうかと胸が熱くなります。

あれから60年近く。

ずっと大事にしています。

年月がたつにつれて塗料にヒビが入ってきたけれど、それも、今は亡きお母さんのシワのように思えてね……。

息子の龍希に譲ろうと、子供の頃からギターを教えてきたのに、いつの間にかドラムに転向しちゃった。

機会があれば、親子でバンドを組んでもいいですよね。

ずっと手元に置いておきたいけれど、いつかはこのギターともお別れしなくちゃいけない。

誰か大事にしてくれる方に差し上げたいと考えています。

遺書は、これから書くつもりです。

遺言を呟いてゐる秋の蟬

阿久悠さんの素敵な教え

俳優になったのは、運命のいたずらみたいなものです。

小学校1年生の夏に下甑島から上京した頃は、島の訛《なま》りがなかなか抜けなくて、いじめられてね。

いつも、ひとりぽっちだった。

当時住んでいた中野に小さな映画館があって、ずーっとひとりで映画を観て過ごしてました。子供は3本立てで30円でした。

大川橋蔵さんや萬屋錦之介《よろずやきんのすけ》さんのチャンバラ時代劇とか、大好きだったなあ。おかげで抜刀や納刀のマネゴトを、自然に覚えてね。

そこに目を留めてくれたのが、当時、梅宮辰夫さんと親しかった、同じアパートに住む方。その方の紹介で、梅宮さんが東映児童演劇研修所の試験の申し込みをしてくださり、子役のエキストラから同研修所を経て俳優の道に入りました。

もう、楽しくって楽しくってねえ。

僕にとってはスター俳優だけでなく、キャメラマンや監督さん、床山《とこやま》さんなどなど、素敵な大人がいっぱいいる撮影所が「学校」でした。

名作『飢餓海峡』の内田吐夢《とむ》監督なんて、現場の仕切りもダンディーな見た目も、惚れ惚れするほどカッコよかったです。一時は本気で「将来は映画監督になりたい」と思いましたもん。

幸運にもオーディションで選ばれ、裕次郎さんと共演したデビュー作『敗れざるもの』の撮影時は、まだ12歳。

訛りを消すために、児童劇団の稽古で「ういろう売り」の早口言葉を徹底的に練習させられましたっけ。でも、1ヶ所だけ、東京育ちのお坊ちゃん役にしてはヘンなアクセントの場面があるんですよね。

俳優の仕事は、つらいことも多いです。

ふんどし一丁で雪の上に倒れていたり、とかね。

若い頃は、12月の伊豆・下田の海に、ジャンパー姿でバイクに乗ったままダイブしたこともありました。僕、泳げないのに言い出せなくって。

ジャンパーの中に綿《わた》が詰まっているから、海水を吸ってしまう。やっとの思いで岸に上がったら、芝居の続きで渡哲也さんに引っぱたかれるし、苦しかったなあ。

仕事の入り方によっては、半年くらいスケジュールが丸空きなんてこともザラ。

現場でも待たされるし、こんなにつらい仕事、引き受けたかないやって思うこともあった。

でも、結果的にそれから60年以上も続けてこられたのは、本当に素晴らしい監督や脚本家に恵まれたからだと思います。

ドラマ『今度生まれたら』は、幸いなことに遺作にはなりませんでした。

僕自身、今度生まれたら、もう一度俳優をやるかって？

どうかなあ……。


一時期、「マルチ人間」という言葉が流行《はや》りましたよね。

その言葉を地でいく人生の大先輩——作詞にCMコピーに小説に、マルチに活躍した阿久悠さんが、

「小倉くん。5つやれるなら、5つやればいい。いろいろやって、最終的にひとつ残ればいいじゃない」

そう言って励ましてくださったのを、昨日のことのように覚えています。

自然に任せて今を生きる

今年の夏、白内障の手術をしました。

視界は格段にクリアになったけれど、今度は耳鳴りがひどくなって。
秋でもないのにずーっとミンミン蟬が鳴いていましたが、これは自然に治りました。
認知症も怖いです。
この間、某駅でJRに乗るつもりが、うっかり別の私鉄の改札内に入ってしまって。
脳神経外科で受付の仕事をしている次女の瑞希の勧めで、認知症検査を受けました。
幸い、深刻な状況ではなかったけれど、年齢なりの衰えはあるとのこと。
ひとまず、認知力の低下をゆるやかにするお薬を処方されました。

今、飲んでいるのは、血圧を下げる薬でしょ、それから血液をサラサラにするやつ。あとは血管のけいれんを抑えるのと、化学療法の副作用を抑えるビタミン剤、それから……なんだったっけな。毎回5〜6錠を1パックにしてもらって、忘れずに飲んでいます。
ホラ、飲み忘れてないから、認知症はまだダイジョウブ。

若い頃は「飲む」と言えば、薬じゃなくて、お酒のことだったんだけどなあ。
渥美清さんが、例の名調子でこんなことを話してましたっけ。

「酒飲みながらカタマリを口に入れるやつは、殴りたくなったね」って。

ご自身は若き日にかかった結核の影響で、その頃はお酒を飲まなかったけれど、いかにも渥美さんらしい言葉ですよね。

つまみはなし。ただひたすら杯を重ねる。

枡《ます》の端《はし》にちょっと塩をのっけて、クイッと粋に日本酒を呷《あお》る。

昔は僕もずいぶん背伸びしたものですが、いつしかそんなカッコいい飲み方をしなくなりました。

肺がんから生還した今は、人生で一番食べているかもしれません。

もちろん、晩酌もちょびっとしますよ。

目下のお気に入りは、焼酎の炭酸割り。ポッカレモンをちょっと垂らすの。ワサビをほんの少し入れても、けっこうイケます。

おつまみは羊羹《ようかん》やハム、らっきょうとか。

そうそう、しらす干しを小びんに入れて、ひたひたのオリーブ油・多めのグリーンタバスコ・お醤油お好み量で漬けたものも絶品です。

1日冷蔵庫で放っておけば完成。しらすがちょっと柔らかくなって、炭酸割りにピッタリ。ぜひお試しください。

2杯ぐらい飲んで、夜8時ぐらいになると眠くなる。

で、コテンと寝ちゃう。

あ〜幸せ、って言いたいところだけど、残念ながら熟睡感はあんまりないです。


がんによる痛みがひどかった時は、夜中によく目を覚ましました。

第三章で触れたように、鎮痛剤の副作用による便秘対策で処方されていた酸化マグネシウムが効きすぎ、2時間ごとにお腹を下してトイレに駆け込んだこともあります。

ちゃんと「出せる」ことがどんなにありがたいか、がんになって身に染みました。

今も、年齢的なものなのか、時折、夜中に目覚めてしまうことがあるけれど、以前のように布団の中で俳句をつくったりはしません。

最近は自然に任せています。

このまま起きていてもいいし、眠くなったら寝ればいい。

無理に何かしなくてもいいやって。

そして、なるべく楽しいことを考えるんです。

僕は日記をしたためる時、すぐに文末に「!!」をつけてしまいます。「感嘆符」、またの名を「びっくりマーク」なんていうけれど、どんなことも肯定的に受け止めて、喜びに変えたいなって。

そして、あまり悩みません。

年を取るとイロイロあるけど、悩んでも若返るわけじゃないし、病気が治るわけでもないですもんね。

坂本マネージャーからは「小倉さんは決断が早い。迷いがない」って言われるけれど、迷っている時間がもったいないですもん。

心と体は、ちょっとでもときめくことに捧げたほうが後悔しないんじゃないでしょうか。

そうだ！

今度は本格チャーシュー作りに挑戦してみようか。

たまには商店街で豪快に塊肉を買ってみよう。

タコ糸で縛って表面を炙《あぶ》って、醤油と酒とショウガ、ブツ切り長ネギ入りのタレで50分、グツグツ煮込む。
火を止めたら、そのまま漬け込んで……、
うん、きっとうまいぞ。
まきちゃんも喜んでくれるかな？

その日が来るのが、待ち遠しい。
食べて、出して、笑って生きよう。
うんと遊ぼう。遊び倒そう。

せっかく、生まれ変わったんだから。

生まれ変わっても、お父さんの娘に

小倉瑞希

子供時代の私のアルバムは、スカスカです。

他のきょうだいは、父に撮ってもらった七五三や誕生日の記念フォトがたくさんあるのに、私の写真はほとんど残っていません。

ちょうど第三子である私が生まれた頃、父は多忙を極めていました。

映画にドラマ、海外ロケで1年中飛び回り、家でゆっくり過ごすことは珍しかったそうです。

父に抱っこされた記憶も、ほとんどありません。

でも、寂しくはありませんでした。

姉の悠希や兄の龍希、しばらくしたら妹の彩希も加わって、それはそれは賑やかでしたから。

実母は私を、「おとなしくて育てやすい子」だと思っていたそうです。

しかし、葛藤はありました。

父の娘であることが、負担でした。

「絶対に悪いことはできない」。そんな目に見えない呪縛がうっとうしくて、いつしか金髪に派手な服で夜の街に繰り出すようになった私を、父はずいぶん案じていたようです。

「瑞希と、どんなふうにコミュニケーションを取っていいのか、わからないんだ」って。

私自身も、正直よくわかりませんでした。

ちなみに家族の血液型は、実母・姉・兄・妹がO型で、私と父だけB型。

父と反《そ》りが合わないのは、自由人のB型同士だからかな、とチラリと考えたこともあります。

やがて、私も独立。

実母と別れて、まきさんと暮らし始めた父とは、お互いの生活を邪魔しない程度の付き合いに。私もそれなりに大人になり、親孝行のつもりでランチや小旅行を共にしたりもしました。

多趣味だけれど、何事にも一途な父と一緒にいて、楽しくなかったわけではありません。むしろ、楽しい。

ただ、姉や兄、妹とのほうが、父はしっくりくるんじゃないかという微妙な思いも、どこかにあったような気がします。

そんな関係が一変したのは、父の病がきっかけでした。

2022年3月9日水曜日、午後1時過ぎ。

仕事が休みで外出していた私は、東京メトロ半蔵門線・渋谷駅のホームで鳴った携帯電話の着信に少々面食らいました。

スマホの表示画面には「龍希」の名前。こんな昼時、しかも滅多に連絡を寄こさない兄からです。

いったい何事かと出てみると、

《瑞希。お父さん、ステージ4のがんだって。もう治らないって》

切迫した声に、耳を疑いました。

ウソでしょ？

お父さんが、がん？

もう治らないって？

お父さんが死ぬなんて、ウソでしょ!?

不穏な鼓動に心臓をドクドク揺さぶられた私は、たまらず通話を切って、ホームに滑り込んできた電車に飛び乗りました。

脳裏に、少年のように無邪気な父の笑顔がよぎります。

……お父さんが、死んでしまう。

声にならない叫びの代わりに涙がボロボロ流れ落ち、必死で嗚咽をこらえながら、人目も憚《はばか》らず泣き続けました。

父とは長年、ずっと反りが合わないと思っていたけれど、今頃、今さら気付かされたのです。

同じB型の血を受け継いだ私にとって、父の存在はとてつもなく大きかったことに。

最寄り駅で降りると、すぐに父に電話しました。

《うん。そういうことなんだ。もう何をやっても無駄みたい》

あきらめ切ったようなつぶやきに、私のほうが取り乱していたのは間違いありません。

すっかり気力が萎えて、その日の予定はキャンセル。夜、長女である姉の悠希と電話で話しました。

《多分、お父さんは死ぬ。だから、残りの時間のクオリティ・オブ・ライフ——生活の質を上げなくては》

姉は私たちきょうだいの、唯一無二の頼れるリーダーです。

余命宣告を下した××病院から、神奈川県立がんセンターへの転院を決めたのも、冷静で用意周到な姉らしい的確な判断だったと思います。

しかし、本当の闘いはそこからでした。

最も心配だったのは、ただでさえ痩せ型なのに、がんの痛みで食べられなくなってさらに痩せ細ってしまった父が、進行がんの治療に用いられるような強い抗がん剤に耐えられるのかということでした。

医学的な知識に乏しい私でも、その副作用が時にどれほど甚大な影響を及ぼすのか、耳にしたことはあります。

だるさ、猛烈な吐き気、発熱。そして、脱毛。

父は、俳優です。

抗がん剤の副作用で髪が抜けたらと思うと、居ても立ってもいられなかった。

でも、当時の主治医であった牛尾先生の丁寧な説明を伺って、腹をくくりました。

まず先生は、どんな副作用が考えられるのか、非常にわかりやすく教えてくださいました。そして、中には副作用が出ない方もいるとした上で、こうおっしゃったのです。

「イヤになったら、つらくなったら、その治療やお薬はいつでもやめていいんです。別の治療法を検討しましょう」、と。

これが、たとえば「副作用が出るかもしれませんが、治療の効果を見極めるためにも、最低○クールは頑張って続けてください」などと言われたのだとしたら、怖くて化学療法に踏み切れなかったかもしれません。

しかし、牛尾先生は、患者である父本人のクオリティ・オブ・ライフを尊重し、柔軟に対処してくださるようにお見受けしました。

そうか。

お父さんがつらくなったら、いつでもやめられるんだ。

よし。先生にすべてお任せしよう！

私たち家族は、先生のお言葉と、父の生きる力を信じることにしたのです。

きょうだい4人の中では比較的動きが取りやすかった私は、時間を捧げました。

私をつくってくれたお父さんに、100％恩返ししたかった。

一時は44キロまで痩せ衰え、足元もおぼつかなかった父を支えるため、治療のある日はできるかぎり仕事を休んで付き添いに専念。午前中に病院入りして、出てくるのは夕方5時過ぎというのも珍しくありませんでした。

俳優の仕事ができない父はもちろん、付き添いの私も収入は減ります。

まきさんも懸命にパートで働いてくれましたが、決して治療費は安くなく、高額療養費制度を駆使しても経済的に厳しい。

できる範囲で私たちきょうだいも援助しましたが、苦しかったです。

思い余って役所に相談に行ったものの、支援を得るには様々な面でハードルが高かった。

いつ終わるとも知れない日々に、不安で眠れなくなりました。

父の命。今後の治療費。私自身の生活。

考えれば考えるほど目が冴えて、澱《よど》んだ疲れが心身に溜まっていきます。

私は初めて、がん患者さんのご家族の苦悩を、身をもって理解したのです。


おかげさまで治療が奏功し、父からがんが小さくなったことをメールで知らされた時は、声を上げて泣きました。

奇跡は、お芝居だけの話じゃなかったんだ。

震えるような喜びと同時に、ドッと安堵が押し寄せてきたのを覚えています。

ようやく、元の暮らしに戻れる――と。

4人きょうだいでもこれほど大変だったのですから、お子さんがおひとりのケースはもっと負担が大きいことでしょう。少子高齢化が加速する中、今後ますますそんなハードな事態に直面される方が増えてくるのではないでしょうか。

「大切な人を思う気持ち」だけでは、どうにもならないこともあります。患者と家族双方が追いつめられる前に、確かな支援につながることができるようなシステムが増えればと願ってやみません。

幸い、放射線治療でも抗がん剤でも、父の髪は抜けませんでした。さすがに加齢もあって「フサフサ！」ではないけれど、今も病を得る前とほとんど変わりません。

牛尾先生、現主治医の齋藤先生、そしてがんセンターの医療スタッフの皆さまのご尽力に、どれほどお礼を申し上げれば足りることでしょうか。

たったひとりの父を救っていただき、本当に、本当にありがとうございました。

私は自分が大好きです。

生まれ変わっても、自分がいい。

そんな私をこの世に送り出し、今、ここに存在させてくれている、お父さん。

生まれ変わっても、お父さんの娘になりたいです。

お父さん。
どうか長生きしてください。
少年みたいな笑顔のままで。

おわりに

生を受けて七十余年。

一度はあきらめかけた命でしたが、神様か仏様がもう少し生かしておいてやろうと思われたのか、がんは小さくなりました。

今も再発・転移を防ぐための化学療法は続けているけれど、主治医の齋藤先生からも、小倉さんのような方は本当に珍しいのですと言われた。

当たり前ですが、人生とは生きている時間。

その時間が長いか短いか、人によって違うのでしょうが、私はまた生かされました。

『徹子の部屋』で、亡き母や兄姉たちが生かしてくれたのかも、と黒柳徹子さんがおっしゃいました。

死について考えた時、旧知の元・信濃《しなの》毎日新聞伊那《いな》支社長、永樂達信《えいらくたつしん》氏（現在は浄土真宗・新宿瑠璃光院《るりこういん》副住職）から、

「私たちはもともと浄土にいて、人々を幸せにするためにたまたまこの世に派遣されて、この世での使命を全《まっと》うし、元の浄土に帰るだけなのだ」

と教えられ、ナルホドと納得しました。

生まれ変わるとは、そういうことかと。

それから私はこう考えました。

もし、そこで命を全うしたらどうなるのか？

今度はまた別の浄土に行けばいい。

私はもともと、あまり悩まない性格なので、病を得ても今日まで来られたのかもしれません。

痛みで食欲が落ち、体重がかなり減りました。

体力をつけなければと懸命に食べ、自分でも作りました。料理が上手《うま》くなりました。

たとえば、手品を見て感心するより私はやってみたくなるタチで、墨絵《すみえ》をやりたいと思ったら翌日にはもう墨絵教室に入っています。

余命を知らされ、念願だった俳句結社をすぐにつくりました。

俳人を育てたい、美しい日本語を残したいという思いから。これには多くの人々の協力があり実現しました。

書き溜めた歌たちも、来年秋にはコンサートを開いて聴いていただきたい。

放浪の俳人・井上井月《せいげつ》の生涯を描いた映画も監督したい。

ただ人間はひとりでは生きられない。

多くの人々に助けられて生きています。

これからも助けられていくことでしょう。

私も人々のお役に立てる、人々に夢を与え、お助けできることをしたいと思っています。

誰でも生きていると体に変調をきたすものです。少しでも体に異常を感じたら、すぐに病院に行ってください。

私の場合、背中の痛みでしたが、痛みは警告音と思ってください。

改めて、こうしてこの本を作るにあたり、産んでくださった母、育ててくださった母に感謝するとともに、牛尾良太医師・齋藤春洋医師を始め、書き切れぬほどの人々にお世話になりました。

医学的なことまで調べ上げ、私の記憶があいまいなところも直してくださり、まとめてくださった双葉社実用出版部・湯口真希編集長に心よりの感謝とお礼を申し上げます。


そして、この本を読んでくださった、皆さまに。

そしてそして、妻と私の愛する子供たち。

まきと悠希、龍希、瑞希、彩希にありがとうを。

すべての人々に感謝いたします。

私の本業は、私です。

生き返らせていただいた命を、私という本業を全うしていく所存です。
愛されていることを忘れないで。

名月や守られわれの是にあり　蒼蛙

2023年11月

小倉一郎

小倉一郎　おぐら・いちろう

俳優・俳人。1951年、東京生まれ。
幼少期を鹿児島県・下甑島で過ごし、小1の夏に上京。9歳から映画のエキストラとして『飢餓海峡』等の現場に通う。東映児童演劇研修所を経て64年、13歳の時に石原裕次郎主演の映画『敗れざるもの』で本格デビュー。
以来、半世紀以上にわたってドラマ『それぞれの秋』『俺たちの朝』『花へんろ』や映画『仁義なき戦い　頂上作戦』など名作に多数出演し、「気弱な小市民を演じたら日本一」と称される異色の存在に。ギターや墨絵等をたしなみ、結社「あおがえるの会」を主宰する俳人の顔も持つ。
2023年、ステージ4の肺がんからの生還を機に、芸名を俳号にちなんだ「小倉蒼蛙」に改名。近著に『小倉一郎の〔ゆるりとたのしむ〕俳句入門』（日本実業出版社）。

本書は語り下ろしです。

医療監修
齋藤春洋
（神奈川県立がんセンター・呼吸器内科部長）

取材・構成・編集
湯口真希
（双葉社）

ブックデザイン＆カバーイラスト
浅妻健司

帯・プロフィール写真
千田容子

がん「ステージ4」から生《う》まれ変《か》わって
いのちの歳時記《さいじき》

２０２３年12月23日　第一刷発行
２０２４年３月11日　第二刷発行

著者　小倉一郎《おぐらいちろう》
発行者　島野浩二
発行所　株式会社双葉社
〒162-8540 東京都新宿区東五軒町3-28
［電話］03-5261-4818（営業）
03-6388-9819（編集）
www.futabasha.co.jp
（双葉社の書籍・コミック・ムックが買えます）
印刷所　中央精版印刷株式会社
製本所　中央精版印刷株式会社

ISBN 978-4-575-31845-6　C0095

好評既刊

緩和ケア医が、がんになって

大橋洋平

あきらめる、そして頑張る——。緩和ケア医でありながら、10万人に1人の稀少がん・ジストを患った著者が、過酷な闘病生活で見出した真の希望とは。溢れる本音で綴った渾身の書き下ろし。

定価1300円+税

四六判並製

好評既刊

がんを生きる
緩和ケア医が答える
命の質問58

大橋洋平

「再発が怖くてたまりません」「余命宣告は受けるべき?」……今、まさにつらい人たちに、がんと闘う現役緩和ケア医の著者が贈る、「しぶとく生きる」処方箋!

定価1300円+税

四六判並製

好評既刊

緩和ケア医
がんを生きる
31の奇跡

大橋洋平

心の免疫力が上がる言葉を支えにがんと生きる著者。肝臓転移が判明した日を1日目として数える〝足し算命〟がついに1000日を突破した背景とは。胸の痛みが楽になる「読む抗がん剤」。

定価1400円＋税

四六判並製